A-프레임
A-Frame

비기너 박스
Beginners box

비기너 킨크 박스
Beginner kinked box

비기너 스트레이트 박스
Beginners straihgt box

박스와 키커
Box and kicker

박스
Box

커브 박스
Curved box

더블 커브 박스
Double curved box

펀파크
Funpark

갭
Gap

하프파이프
Halfpipe

키커
Kicker

킨크 박스
Kinked box

킨크 레일
Kinked rail

미니 점프
Mini jumps

레일
Rails

쿼터 사이드
Quarter side

레일라인
Railline

레일과 갭
Rail and gap

레일
Rail

레일파크
Railpark

스트레이트 레일
Straight rail

레인보우 박스
Rainbow box

롤러
Rollers

스트레이트 박스
Straight box

니시 페더촐리·알렉산더 로트만 지음 | 임영은 옮김

SNOWBOARD FREESTYLE TRICK-MANUAL

Snowboard Freestyle Trick - Manual
Copyright ⓒ 2006 by Alexander Rottmann, Nici Pederzolli-Rottmann
This edition is published by arrangement with Paul Pietsch Verlage GmbH & Co.
All rights reserved

Korean Translation Copyright ⓒ 2011 by Samho Media
Korean Translation published by arrangement with Paul Pietsch Verlage GmbH&Co.
through Imprima Korea Agency.

이 책의 한국어 출판권은 Imprima Korea Agency를 통해
Paul Pietsch Verlage GmbH & Co. 사와의 독점 계약으로 삼호미디어에 있습니다.
저작권법에 의해 한국 내에서 보호를 받는 저작물이므로 무단 전재와 무단 복제를 금합니다.

preface

트릭 박스에 오신 것을 환영합니다!

"멋지게 턴한 뒤 깔끔하게 착지하겠다는 목표로 FS 540°를 연습하기 시작했다. 연습하는 동안 하프파이프를 얼마나 많이 오르내렸던가. 나는 늘 같은 실수를 반복했고 결과는 뻔했다. 내가 로테이션(상체를 턴 방향으로 완전히 비트는 동작)을 정복하기란 불가능해 보였다. 그러던 중 나를 지켜보던 한 사람이 조언을 해 주었다. 파이프 외부에서의 포인트에 대한 것이었는데, 나는 그의 조언에 따라 로테이션 전과 후의 자세를 교정했다. 그 결과 나는 스스로 회전을 컨트롤할 수 있게 되었고, 그렇게 해서 회전 시 축을 벗어나지 않을 수 있었다. 계속되는 토론과 연습으로 현재 나의 540° 회전은 꽤 볼만하다."

당신은 이제 이렇게까지 노력할 필요가 없다. 현재 스노보드의 역사는 그리 짧은 편이 아니어서 더 이상 우리가 모든 것을 직접 시도하지 않아도 될 정도이다. 이제 우리는 스노보더와 코치들이 얻어낸 노하우와 트릭을 활용할 수 있다.

그런 의미에서 이 책은 당신에게 꼭 필요한 스노보드 동반자가 될 것이다. 당신이 초보자이든 실력자이든 이 책의 트릭 모음은 당신에게 언제나 도전에 대한 욕망을 선사할 것이다. 하프파이프, 레일, 키커, 그라운드 트릭에서 가장 많이 쓰이는 테크닉을 설명과 함께 연속 사진으로 볼 수 있다. 각 장마다 당신이 최대한 정확하게 이해할 수 있도록 실어 놓았다.

이 책은 모든 트릭을 자세히 볼 수 있게 표시했으며 실패의 원인과 그 해결책 또한 제시했다. 당신이 새로운 트릭을 시도할 수 있도록 내용을 구성했으며, 이로 인해 스노보드를 쉽게 배우는 데 실질적인 도움을 받을 수 있을 것이다.

이 책이 만들어지기까지 사버 호프만, 얀 미하엘리스, 크리스토프 슈미트, 빈첸츠 뤼프스와 같은 독일의 실력 있는 프리스타일러들이 많은 도움을 주었다.

진정한 프리스타일러는 모든 지형에 강해야 한다. 그렇게 되기까지 당신은 많은 노력과 시간, 육체적인 고통을 감수해야 하며, 상당한 모험을 각오해야 할 것이다. 그 과정 중에 이 트릭 매뉴얼이 좋은 참고서가 되길 바란다.

즐거운 라이딩이 되길!

니시 페더촐리

contents

preface 5

introduction 9

01 베이직 라이딩
Basic Riding 11

베이직 포지션 12
무게 중심 13
스위치와 페이키 17
그랩 18
안전 사항 22
출발을 위한 준비 24

02 그라운드 트릭
Ground Tricks 31

알리 32
널리 32
노즈롤 34
테일롤 34
BS 180° 36
FS 180° 37
노즈스핀 38
테일스핀 38
BS 360° 40
FS 360° 41
노즈슬라이드 42

03 스트레이트 점프
Straight Jump 45

테이크오프 46
스트레이트 점프 48
로테이션의 도입 49
BS 180° 52
BS 360° 54
BS 540° 56
BS 720° 58
SW BS 540° 60
FS 180° 62
FS 360° 64
FS 540° 66
FS 720° 68
SW FS 180° 70

contents

04 하프파이프 Halfpipe ... 73

- 실전 베이직 ... 74
- 하프파이프 드롭인 ... 79
- 알리 to 드롭인 ... 80
- 스트레이트 에어 ... 82
- BS 알리웁, 스테일피쉬 ... 90
- FS 알리웁, 인디 ... 92
- 에어에서 페이키, 리엔 ... 94
- 핸드플랜트 ... 98
- 로테이션 ... 100
- BS 360° ... 100
- BS 540° ... 102
- 알리웁 로데오 ... 104
- 맥 트위스트 ... 106
- FS 360° ... 108
- FS 540° ... 110
- FS 720° 인버티드 ... 112
- FS 720° 스트레이트 ... 114
- 캡 360° ... 116
- 호콘 720° ... 118
- 파이프 서핑 ... 120

05 레일과 박스 Rails & Boxes ... 123

- 50/50 비기너 박스 ... 124
- BS 보드슬라이드 ... 126
  작은 스트레이트 박스
- BS 보드슬라이드 to 페이키 ... 128
  작은 스트레이트 박스
- FS 보드슬라이드 ... 130
  작은 스트레이트 박스
- FS 보드슬라이드 to 페이키 ... 132
  작은 스트레이트 박스
- BS 보드슬라이드 to 페이키 ... 134
  레인보우 박스
- BS 보드슬라이드 to 페이키 ... 136
  킨크 박스
- BS 보드슬라이드 to 페이키 ... 138
  수직 커브 박스
- FS 보드슬라이드 to 페이키 ... 140
  커브 박스
- 노즈프레스 테일팝 ... 142
  작은 스트레이트 박스
- 널리에서 FS 보드슬라이드 ... 144
  레인보우 박스
- BS 테일슬라이드 270° 아웃 ... 146
  작은 스트레이트 박스
- SW 테일슬라이드 270° 아웃 ... 148
  작은 스트레이트 박스
- FS 테일슬라이드 BS 270° 아웃 ... 150
  커브 박스
- SW 노즈슬라이드 to FS 보드슬라이드 ... 152
  킨크 박스
- BS 270° to 270° 아웃 ... 154
  작은 스트레이트 박스
- FS 270° to FS 보드슬라이드 270° 아웃 ... 156
  작은 스트레이트 박스

06 이 책을 마치며 Last but not least ... 159

introduction

스노보드
취미, 스포츠 혹은 도전적인 이들의 표현 방식

나는 스노보드와 함께 성장했다. 스노보드를 즐기고 배워 나가는 과정에서 스노보드를 더욱 체계적으로 알게 되었으며 많은 선수들이 그 세계를 끊임없이 정복해 나가는 것을 지켜봤다. 스노보드는 역사가 매우 짧은 스포츠인 만큼 아직 그 규정이 완전히 정립되지 않은 채 계속해서 진화하고 있다. 그리고 아직도 전통 스포츠계에서는 이 신생 스포츠 종목을 100% 받아들이지 않고 있다. 하지만 개성, 스타일, 표현 방식에서 그 가치를 드러내고 있음은 분명하다.

스노보드는 스포츠이자 라이프스타일이다. 또한 젊음의 표출이자 움직임이다. 나는 목표 추구적인 관점의 스포츠 종목으로서 스노보드의 진정성은 문제가 되지 않는다고 본다. 스노보드의 개성과 표현 방식은 이미 오래 전부터 대중의 지지를 받아 왔다. 그사이 유럽에서는 스케이트보드와 서핑의 인기가 떨어진 반면, 스노보드가 대중적인 스포츠로 자리 잡게 되었다. 스노보드는 고전적인 방식에서 파생된 새로운 분야로서 스트릿볼, 프리스키, 산악자전거, 비치발리볼과 같은 스포츠보다 대중의 인기를 얻게 되었다.

90년대 초반까지는 정식 스포츠로 인정받지 못하고 '젊은이들의 광기'로만 여겼던 스노보드 관련 스포츠 경기가 그간 올림픽 종목의 경기보다 3배나 더 많이 개최되었다는 것은 매우 주목할 만한 점이다. 무엇보다 자체적으로 매우 엄격한 올림픽 규정이 스포츠의 시대적 감각과 진화된 경기장에 맞추기 위해 바뀌었다는 것은 더욱 눈여겨보아야 할 점이다. 스노보드는 더 이상 경시할 수 없는 종목이다. 스노보드는 여러 부분에서 빠르게 변화하고 있으며, 다채로워지고 있다. 이것이 노소를 불문하고 이 스포츠에 열광하는 이유이다.

대회용 스노보드는 경기 스포츠이다. 동시에 많은 즐거움을 주는 스포츠이기도 하다. 모든 선수들은 다른 사람의 승리까지도 함께 즐거워 하며 이 스포츠를 즐긴다. 그것이 스노보드의 가장 큰 장점이다.

알렉산더 로트만

photo : Alex Rottmann

01 | 베이직 라이딩
Basic Riding

01 베이직 라이딩

스탠드 포지션
스탠드 포지션에서는 어깨선이 보드와 일직선이 되도록 하고 시선은 90°로 보드와 직각을 이루도록 한다.

활강 포지션
어깨선을 진행 방향으로 살짝 돌린다. 이렇게 하면 데크의 베이스나 에지로 활강할 때 더 좋은 시야를 확보할 수 있다. 이때 양다리는 살짝 구부린다. 중요한 점은 지형이 좋지 않은 곳에서도 균형을 잡을 수 있어야 한다는 것이다. 양쪽에서 두 다리가 용수철처럼 움직일 수 있도록 활동 공간을 확보해 두어야 한다.

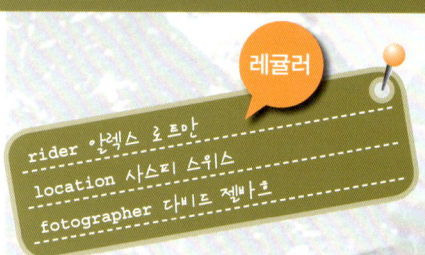

레귤러

rider 아렉스 로프만
location 사스피 스위스
fotographer 다비드 젠바흐

Basic positions
베이직 포지션

처음 배울 때는 스탠드 포지션과 활강 포지션이면 충분하다. 이 두 가지는 또한 가장 중요하기도 하다. 하지만 나중에는 테이크 오프를 하기 위해 다음과 같은 포지션도 익혀야 한다.

로우 포지션
양다리를 많이 구부리고 상체를 세운다. 어깨와 팔은 보드의 진행 방향에서 자연스럽게 아래를 향하게 한다.

하이 포지션
양다리를 비교적 편 상태이다. 상체를 세우고, 어깨는 보드의 진행 방향을 향하게 한다.

Basic Riding
Load point
무게 중심

보드 위에서 무게 중심을 다른 위치로 옮기는 연습을 해 보자. 이 연습을 통해 보드의 탄성을 익힐 수 있으며 활강할 때 중심을 잡기 위해 어느 정도의 압력을 어디에 주어야 하는지 익힐 수 있다. 많이 사용하는 방법인 노즈(nose)와 테일(tail)에 무게 중심을 두는 것뿐만 아니라 보드의 대각선 방향에도 무게를 실어 볼 수 있다.

많은 그라운드 트릭에서는 노즈나 테일의 에지에 무게 중심을 두어야 한다. 그렇게 하면 보드의 반동을 더 잘 이용할 수 있으며 더 높은 위치에서 더욱 빠르게 회전할 수 있다.

테일프레스

테일프레스(tailpress)는 테일스핀, 테일슬라이드, 알리에서 사용된다. 여기에서 중요한 것은 뒷발을 약간 구부리고 앞발을 쭉 뻗어야 한다는 것이다. 이는 테일프레스의 기본자세로 최대한 자연스러워야 한다.

01 베이직 라이딩

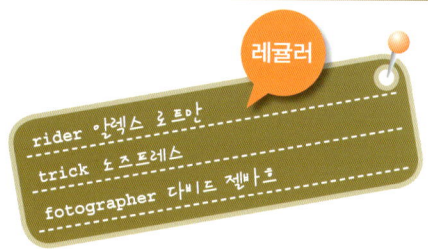

rider 아렉스 로프만
trick 노즈프레스
fotographer 다비드 젠바흐
레귤러

노즈프레스

노즈프레스(nosepress)는 노즈스핀, 노즈 슬라이드, 널리에서 사용된다. 노즈프레스에서 중요한 점은 앞발을 약간 구부리고 뒷발을 쭉 펴야 한다는 것이다. 부츠와 바인딩에서 발을 뺀다고 생각한다. 허리를 살짝 숙여야 하는데 너무 많이 숙여서도 안 된다. 절대 상체를 먼저 틀면 안 된다. 상체는 앞쪽이 아닌 노즈 측면으로 기울어져 있어야 한다.

Basic Riding

rider 알렉스 로프만
trick BS 테일프레스
fotographer 다비드 젠바크

레귤러

BS 테일프레스

BS 테일프레스는 슬로프나 작은 키커에서 프론트 사이드 트릭을 할 때 사용한다. 테일프레스 자세에서 모든 무게를 힐 에지 쪽으로 둔다. 로우 포지션에서는 가볍게 힐 턴을 그리며 진행한다. BS 테일스핀 시에는 깊은 자국이 생기는 경우가 많으며 이때 시선은 앞쪽 어깨 위에 둔다.

01 베이직 라이딩

FS 노즈프레스

FS 노즈프레스는 슬로프나 작은 키커에서 180° 이상의 백 사이드 트릭을 할 때 사용한다. 노즈프레스 자세에서 모든 하중을 토우 에지 쪽에 싣는다. 가볍게 토우 턴을 그리며 진행해 본다. FS 노즈스핀 시에는 깊은 자국이 생기는 경우가 많으며 이때 뒤쪽 어깨 위로 시선을 둔다.

FS 테일프레스

FS 테일프레스는 슬로프나 작은 키커에서 BS 180°를 할 때 사용한다. 테일프레스 자세에서 모든 무게를 테일의 토우 에지 쪽에 싣는다. 로우 포지션에서 가볍게 토우 턴을 그리며 진행한다.

하중을 토우 사이드나 토우 에지에 싣기만 해도 슬로프에서 작게 회전할 수 있다. 이렇게 하면 예를 들어 토우 턴 중에 BS 180°를 할 때 큰 도움이 된다. 이때의 단점은 보드의 반동을 이용할 수 없기 때문에 전적으로 자신의 점프력만을 이용해야 한다는 점이다.

Basic Riding
Switch & Fakie
스위치와 페이키

스노보드에서의 스위치와 페이키는 다른 동작을 뜻하는 말이다. 둘다 반대의 스탠스로 활강하는 것을 의미하기는 하지만 미세한 차이가 있다. 우선, 스위치와 페이키의 같은 점은 보더가 자신의 스탠스와 반대로 보딩을 한다는 점이다. 즉, 레귤러 스탠스를 쓰는 라이더가 구피로, 혹은 구피 라이더가 레귤러로 보드를 탈 때이다. 다른 점은 스위치는 상체와 시선이 계곡 방향을 보고 있다는 것이고, 페이키는 상체와 시선이 산 방향을 보고 있다는 것이다.

스위치는 보통 라이딩이나 트릭의 진입 시 많이 이용된다. 레귤러 보더의 테일이 스위치 상태에선 노즈가 되는데 용어의 혼돈을 피하기 위해 스위치 라이딩 시 테일을 스위치 노즈라고 하기도 한다. 페이키는 트릭의 착지에서 많이 사용하는 용어이다. 트릭 착지 시엔 항상 시선이 산을 향하기 마련이지만 라이딩 시 시선을 계곡 쪽에 두기도 한다.

일반 자세

레귤러

rider 알렉스 로프만
location 사스피, 스위스
fotographer 다비트 젠바흐

페이키

스위치

01 베이직 라이딩

trick 인디 노즈본(indy nosebone)

Grabs
그랩

trick BS 에어(BS air)

Basic Riding

rider 사빠 호프만
fotographer 다비드 젤바흐

구피

trick 더블 테일 그랩 노즈본(double tail grab nosebone)

trick 치킨 샐러드(chicken salad)

trick 재팬 에어(Japan air)

trick 인디 테일본(indy tailbone)

19

01 베이직 라이딩

trick 테일 그랩 노즈본(tail grab nosebone)

trick 뮤트 스티피(mute stiffy)

trick 크레일(crail)

Basic Riding

trick 스테일 피쉬 테일본(stalefish tailbone)

trick 노즈 그랩 테일본(nosegrab tailbone)

trick 리엔(ien)

trick 메소드(method)

21

01 베이직 라이딩

Safety 안전 사항

워밍업

부상 위험은 낮추고, 신체의 적응력을 높이기 위해 스노보드를 타기 전에는 반드시 일반적인 워밍업과 특별 워밍업을 해야 하다. 프리스타일 트레이닝을 시작하기 전에 우리의 몸을 활동에 적합한 체온으로 만들어 주어야 하는데 그러기 위해서는 혈액순환을 촉진해야 한다.

워밍업은 보드를 타기 전 15분 정도면 충분하다. 제자리에서 두 발로 뛰기, 한 발로 뛰기, 팔 벌려 뛰기, 상체 비틀기, 관절 움직이기와 같은 동작이 좋다. 근육 온도가 어느 정도 상승하면 스트레칭으로 마무리한다. 본격적으로 스노보드를 타기 전에 가볍게 두세 바퀴를 돌며 파크를 점검하도록 한다. 그밖에도 안전하게 트릭을 익히기 위해서는 집중력이 좋고 몸이 피곤해지기 전인 트레이닝 초반에 어려운 동작을 연습하는 것이 바람직하다.

보호 장비

프리스타일 라이딩을 하기 위해서는 헬멧과 상체 보호대가 필요하다. 장비는 움직임에 방해가 되지 않도록 몸에 딱 맞아야 한다. 넘어지게 되면 가벼운 부상에 그칠 수도 있지만 장애를 초래할 만큼 심한 부상으로 이어질 수도 있다. 그렇기 때문에 머리와 척추를 최대한 안전하게 보호하는 것은 매우 중요하다. 레일에서 라이딩을 하는 경우가 많다면 쿠션 바지와 무릎 보호대 또는 정강이 보호대를 사용해야 한다.

헬멧

손목 보호대

Basic Riding

조끼

상체 보호대

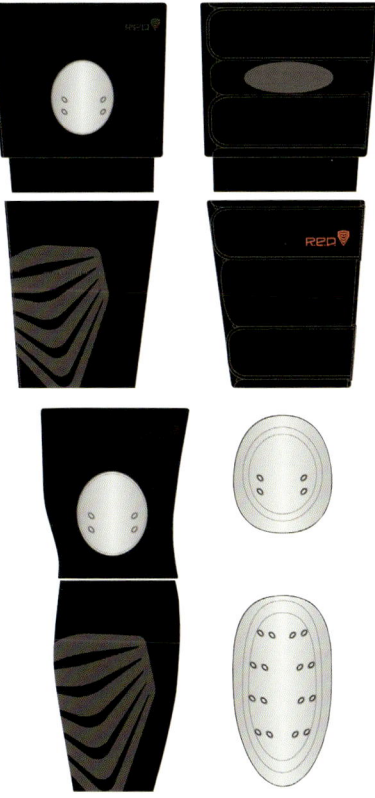

무릎 및 정강이 보호대   쿠션

꼬리뼈 보호대

01 베이직 라이딩

Easy start 출발을 위한 준비

다음의 연속 사진을 보면 로테이션(rotation)을 할 때 머리가 어떤 역할을 하는지 알 수 있다. 트릭을 정확하게 구사하기 위해서는 공중에서 방향을 조정할 줄 알아야 한다. 하지만 초보 라이더들에게 이것은 결코 쉬운 일이 아니다. 트릭을 할 때 눈으로 보고 동작을 인식해 몸으로 표현하는 과정은 수많은 연습을 통해서만 가능하다. 처음부터 로테이션을 하는 동안 눈으로 전체적인 것을 확인하고 한 지점에 기준을 두는 연습에 익숙해지면 균형을 잃는 일은 드물 것이다.

1. 로테이션 비쥬얼 베이직

FS 로테이션 FS 로테이션을 할 때에는 힐 에지를 이용해 보드를 진행 방향으로 회전한다.

BS 로테이션

BS 로테이션을 할 때에는 토우 에지를 이용해 보드를 진행 방향으로 회전한다.
레일에서 트릭을 할 때에는 동일하지만 보드슬라이드를 할 때에는 다르다. BS 보드슬라이드는 가볍게 힐 에지로 미끄러지는 것과 같이 움직여야 한다.

Basic Riding

rider 알렉스 로프만
location 사스피 스위스
fotographer 다비트 젠바흐

레귤러

FS 360 FS 360°에서는 머리를 360°까지 완전히 회전한다. 회전이 끝나고 한참이 지나야 착지점을 인지할 수 있다.

BS 360 BS 360°에서는 머리를 180°만 회전한다. 테이크오프를 할 때 스위치 포지션에 있기 때문이다.

로테이션은 신체 부위로 직접 조정한다

머리
머리는 가장 중요한 조정 요소이다. 미리 정한 목표점에 시선을 두면 로테이션을 조정하기가 쉬워진다. 머리로 빠르게 로테이션을 할 수도 있고 느린 로테이션을 만들어 낼 수도 있다. 또한 로테이션을 멈출 수도 있다.

허리
허리와 머리를 같이 회전해 둘이 일치되면 로테이션을 빠르게 할 수 있다. 반면 허리와 머리를 이용해 로테이션 속도를 느리게 할 수도 있다. 먼저 머리를 회전하고 허리를 나중에 회전하면 180°나 360°와 같은 작은 회전 조정이 가능하다. 그렇게 하면 착지를 빨리 인지할 수 있고 허리를 얼마나 세게 회전해야 하는지도 계산할 수 있다는 장점이 있다.

허리 구부리기
허리를 구부려 로테이션을 느리게 또는 빠르게 조절할 수 있다. 그랩을 할 때에는 보통 허리를 구부려야만 하기 때문에 로테이션의 속도가 느려진다. 보드를 잡지 않고 허리를 펴면 로테이션이 빨라진다. 허리를 펼 경우, 트릭이 끝날 때까지 로테이션을 할 수 있다.

발
머리나 허리뿐만 아니라 발의 자세와 위치로도 공중 동작에 변화를 줄 수 있다. 이렇게 하기 위해서는 손이 보드 쪽으로 이동하는 것과 보드가 손 쪽으로 이동하는 것의 차이를 알아야 한다.

그랩
트릭에서 그랩은 아주 많이 쓰인다. 모든 트릭에서 원하는 대로 그랩을 하는 것은 쉽지 않지만 이미 그렇게 할 수 있다면 더할 나위 없이 좋은 일이다. 때로는 그랩 때문에 회전 속도나 회전 방향이 방해를 받기도 한다.

01 베이직 라이딩

2. 기본 동작

펀파크에서 기본 동작들을 쉽게 즐기기 위해서는 먼저 슬로프에서 몇 가지 동작을 연습해 익혀야 한다. 이런 동작들을 슬로프에서 시도했을 때 펀파크에서 했을 때보다 비교적 쉽게 느껴지는 것은 동작에 집중할 수 있는 여유가 있기 때문이다. 처음으로 레일이나 키커에서 점프하여 착지하기 전까지, 그 사이에 공중에서 이런 동작을 시도해 보면 하나하나 세밀하게 신경을 쓸 여유를 갖기 힘들 것이다.

다음 동작들을 연습하기 위해서는 넓고, 경사가 완만한 언덕이 좋다. 다음 방법에 유의해 침착하게 연습해 보자.

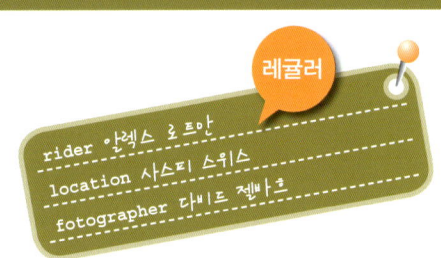

레귤러
rider 알렉스 로프만
location 사스피 스위스
fotographer 다비드 젠바흐

FS 시프티

논스톱 BS 시프티

Basic Riding

BS 시프티

3. 시프티

시프티 & 로테이션

다음 두 가지의 연속 사진에서는 허리가 몸과 약간 반대로 움직이는 것을 볼 수 있다. 모든 트릭에서 로테이션을 꼭 해야 하는 것은 아니다. 오히려 몸의 일부분을 몸 전체가 움직이는 방향과 반대로 틀어야 하는 경우가 더 많다. 상체를 하체와 반대 방향으로 돌리는 것은 비교적 쉽다. 이러한 동작을 시프티(shifty)라고 하는데 팔을 함께 돌리면 훨씬 더 쉽고 효과적이다.

직진으로 활강하면서 충분한 속도가 나올 때까지 기다린다. 적절한 속도에 이르면 슬로프에서 FS 시프티를 시도해 본다. 앞에 있는 손을 허리 오른쪽 앞으로 가져가면서 테일을 노즈 쪽으로 돌리면 토우 에지가 앞을 가리켜 폴라인과 수직이 된다. 여기에서 힐 에지로 슬라이딩한다. 이 포지션에서 나시 되돌아오려면 손과 보드를 동시에 원래의 포지션으로 가져오면 된다.

BS 시프티를 하려면 뒤에 있는 손을 노즈 쪽으로 가져오고 노즈를 테일 쪽으로 돌리면 된다. 이때 시선은 진행 방향에 있게 되고 상체가 살짝 비틀어지게 된다. 이 포지션에서 되돌아오려면 손과 노즈를 다시 앞으로 돌린다.

논스톱 시프티

시프티 회전을 잘하기 위해서는 연습을 많이 해야 한다. 먼저 직진으로 활강한다. 진행 방향에서 페이키 포지션으로 몸을 돌린다. 시선은 직진 방향에서 후진 방향으로 옮긴다. 이때 허리를 돌린다. 머리는 사용하지 않고 허리만 돌려야 한다. 팔을 함께 사용하면 좋다. 시선 포인트를 앞쪽에서 뒤쪽으로 바꾸어서 상체나 머리가 돌아가지 않게 하여 진행하라. 시선은 계속 언덕 쪽에 두어야 한다.

01 베이직 라이딩

테일윌리

활강 포지션에서 직진으로 라이딩을 한다. 충분한 속도에 이르게 되면 로우 포지션을 취하고 무게 중심을 살짝 앞발 쪽으로 옮긴다. 이것이 테일윌리를 위한 최적의 시작 자세이다. 이제 앞발을 쭉 뻗으며 동시에 무게 중심을 완전히 뒤로 옮긴다. 노즈가 바닥에서 들리기 시작하면 앞발을 더 곧게 편다. 이 포지션에서 균형을 잡으면 테일로 수미터를 갈 수 있다.

Basic Riding

노즈윌리

스탠드 포지션에서 직진으로 활강한다. 속도가 빨라지면 로우 포지션을 취하고 무게중심을 약간 뒷발 쪽으로 옮긴다. 이것이 노즈윌리를 위한 최적의 시작 자세이다.
이제 뒷발을 쭉 뻗으면서 동시에 하중을 완전히 앞으로 옮긴다. 이때 상체는 스탠드 포지션을 유지한다. 몸을 앞쪽으로 돌리고 허리를 완전히 숙인다. 이렇게 하면 바닥에서 테일이 들리게 되는데, 그 순간 곧바로 뒷발을 더 세게 뻗는다. 이 포지션에서 균형을 잡으면 노즈로 수미터를 갈 수 있다.

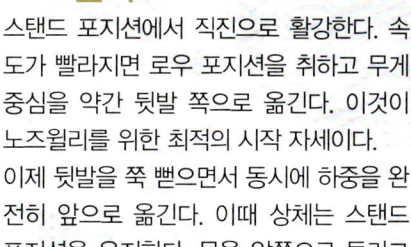

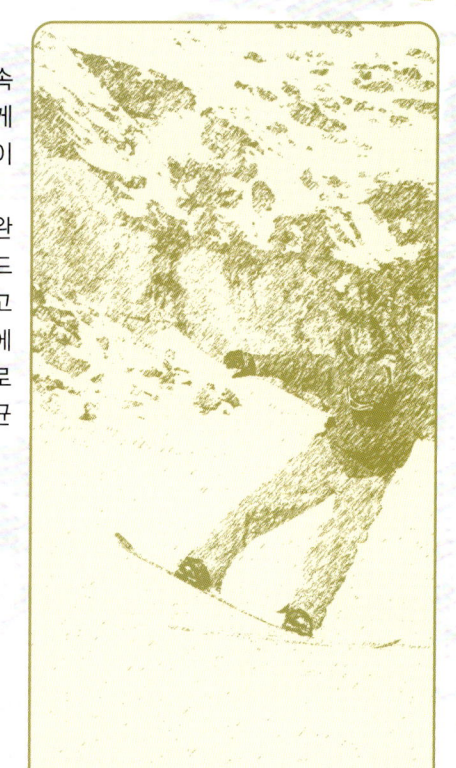

photo : Alex Rottmann

02 그라운드 트릭
Ground Tricks

슬로프에서 배우는 모든 기술은 당신을 더 좋은 라이더로 만들어 준다. 슬로프에서 보드를 잘 탄다면 키커나 레일 또는 파이프에서도 잘 탈 수 있다. 여기에서 설명하는 모든 트릭은 당신이 보드를 탈 때 확실한 느낌을 가질 수 있도록 도와줄 것이다. 동작을 깔끔하게 선보일 수 있도록 정교하게 연습하자.

02 그라운드 트릭

Ollie 알리

rider 안톤 오트만
location 사스피 스위스
fotographer 데이비드 제빠호
레귤러

Nollie 널리

technic 기술

일반 사항
널리(nollie)는 노즈를 이용한 그라운드 트릭의 첫 동작으로 아주 역동적이다. 널리로 장애물에서 점프를 하려면 동작이 알리보다 더 빨라야 한다. 널리에서는 테일부터 들리기 때문에 장애물 위를 지날 수 없다. 따라서 그 전에 공중으로 점프해야 한다. 반대로 알리는 테일이 지면에서 들리기 전에 노즈가 장애물 위를 지나갈 수 있다.

진입
활강 포지션에서 진행하여 테이크오프 전에 로우 포지션으로 바꾼다. 무게 중심은 뒷발에 있다.

테이크오프
이 위치에서 몸을 앞쪽으로 비스듬하게 쭉 뻗는다. 먼저 뒷발부터 시작해 몸을 낮췄다가 등을 앞으로 숙인다. 상체가 너무 노즈 쪽으로 기울지 않도록 주의해야 한다. 뉴트럴 포지션(보드를 탄 상태에서 중심이 어느 쪽으로도 기울어지지 않은 기본자세. 중립 상태)을 유지하며 긴장을 잃지 않는 것이 좋다. 테일이 지면에서 들리기 시작하면 바로 뒷발을 당기면서 앞발을 낮춘다. 보드의 반동을 이용하면 더 높이 오를 수 있다. 팔은 위로 뻗는다.

Ground Tricks

technic 기술

일반 사항
알리(ollie)는 거의 모든 테레인에서 사용된다. 레일에서 점프를 하거나, 파이프로 들어갈 때, 높은 지형에서 힘차게 점프할 때 필요한 트릭이다. 알리는 매우 역동적인 동작이다. 따라서 타이밍을 잘 잡아야 한다.

진입
활강 포지션에서 진행하여 테이크오프 전에 로우 포지션으로 바꾼다. 무게 중심은 앞발에 있다.

테이크오프
이 포지션에서 몸을 위쪽 후방으로 비스듬하게 쭉 뻗는다. 이렇게만 해도 성공이다! 이 동작은 타이밍을 잘 맞춰야 한다. 먼저 앞발부터 시작해 몸을 낮추고 등을 뒤로 젖힌다. 노즈가 바닥에서 들리기 시작하면 바로 앞발을 당기면서 몸을 뒷발 쪽으로 향하게 한다. 팔을 위로 뻗으면 더 높은 위치까지도 가능하다.

에어타임
공중에서는 뒷발까지 당겨야 한다. 이렇게 하면 몸이 다시 보드의 중앙으로 오게 되는데, 이때 몸을 아래쪽으로 기울게 한다. 이때가 그랩을 하기에 적합한 시점이다.

착지
데크가 슬로프에 가까워지면 다리를 뻗은 후 착지하는 순간 재빨리 다리를 접어 충격을 완화해 준다.

에어타임
공중에서는 앞발까지 당겨야 한다. 이렇게 하면 몸이 다시 보드의 중앙으로 오게 되는데, 이때 몸을 아래쪽으로 기울인다. 그랩을 하기에 적합한 시점이 바로 이때이다.

착지
데크가 슬로프에 가까워지면 다리를 뻗은 후 착지하는 순간 재빨리 다리를 접어 충격을 완화해 준다. 테일을 먼저 살짝 접촉하면 더욱 가볍게 착지할 수 있다.

02 그라운드 트릭

Noseroll 노즈롤

technic 기술

일반 사항
노즈롤(noseroll)은 노즈로 보드를 돌리는 BS 180° 회전이다. 노즈롤은 노즈를 이용해 FS 180°도 할 수 있다.

진입
토우 턴을 그리면서 로우 포지션을 취하는 것이 좋다. 이때 무게 중심은 뒤쪽 다리에 있어야 한다.

Tailroll 테일롤

technic 기술

일반 사항
테일롤(tailroll)은 스위치에서 다시 자신의 기본 스탠스로 돌아올 때 사용된다. 노즈스핀을 할 때에도 사용할 수 있다. 테일롤을 끝낸 후 이어서 노즈롤로 진입한 후 균형을 유지하면 된다. 테일롤은 스위치 상태에서 테일(스위치 노즈)을 이용해 BS 180°도 할 수 있다.

진입
스위치로 힐 턴을 도는 것이 가장 좋다. 노즈롤에 이어서 테일롤을 할 수도 있다. 그렇게 하면 저절로 원래 포지션으로 돌아오게 된다.

테이크오프
상체를 이용해 몸을 스위치 노즈 방향으로 기울이면서 뒷발을 구부린다. 그리고 뒤에 있는 손을 앞으로 가져와 보드의 반동을 이용해 높이 뛴다. 바인딩에서부터 데크까지의 길이가 짧을수록 회전력이 좋다. 프리스타일 보드는 보통 테일이 노즈보다 살짝 짧아 테일에서 훨씬 더 좋은 테크닉을 쌓을 수 있다.

에어타임
공중에서 다리를 잡아당기면 테일 전체로 롤링이 되지는 않지만 강한 반동으로 회전의 마지막 부분에서 공중으로 뜨게 된다.

착지
착지는 그냥 내려갈 것인지 다른 트릭을 구사할 것인지에 따라 달라진다. 그냥 내려간다면 다리를 뻗어 착지하면 된다. 다른 트릭을 구사하고 싶다면 540° 테일스핀을 한다. 그러면 노즈로 착지하게 되는데, 균형을 찾는 대로 회전 방향으로 몸을 기울여 진행하면 된다.

Ground Tricks

테이크오프
토우 턴이 끝났을 때 끝나는 부분에서 보드의 에지가 지면에 닿으면 뒷발을 낮춰 몸을 노즈 쪽으로 기울인다. 회전하기 전에 팔을 끌어당겨 몸을 180° 회전한다. 이때 노즈가 회전축이 된다.

에어타임
회전하는 동안 뒷발을 세게 당긴다. 이때 테일이 앞을 향해 있어야 하고 페이키 포지션을 취할 수 있을 때까지 몸이 노즈보다 앞에 있어야 한다. 앞쪽 어깨가 세워진 것처럼 보이도록 뒤쪽 어깨도 노즈 방향으로 기울어 있어야 한다.

착지
회전이 끝나면 곧바로 테일을 내려야 한다. 무게 중심을 다시 힐 에지로 옮기고 페이키로 마무리 한다.

노즈롤 BS 180°

...1

테일롤 FS 180°

레귤러

rider 알렉스 호프만
location 사스티, 스위스
fotographer 다비드 젠바흐

...7

35

02 그라운드 트릭

BS 180°
BS 180°

rider 야넥스 로트만
location 사스피 스위스
fotographer 데이비드 제바흐

레귤러

technic 기술

일반 사항
BS 180°는 정말 쉽다. 끝까지 그냥 내려가기가 심심할 때 한 번씩 시도해 볼 수 있다.

진입
자연스럽게 활강 포지션에서 앞으로 내려간다. BS 180°를 돋보이게 하고 싶다면, 테일로 회전을 해 본다.

테이크오프
힐 에지로 조금 가다가 무게 중심을 테일로 옮긴다. 이때부터 몸을 낮춘다. 테일에 반동이 크게 생기기 때문에 일부러 높이 뛰려고 하지 않아도 된다.

에어타임
회전은 아무 문제가 아니다. 허리만 살짝 돌려 페이키로 착지하면 된다. 공중에서 완전히 돌지 못했다고 해도 문제될 것이 없다. 지면에서 힐 에지로 가볍게 마무리해 슬라이딩하면 된다.

착지
착지 후 페이키에 이어 스위치 포지션으로 회전한 후 내려간다.

Ground Tricks

FS 180°

technic 기술

일반 사항
FS 180°는 아주 쉬운 회전이다. 하지만 멋진 폼으로 성공하기는 어려울 수 있다. 회전이 가벼운 느낌이 드는 동시에 힘들지 않아 보일만큼의 높이로 회전해야 한다.

진입
활강 포지션에서 직진으로 진행한다. 테이크오프 직전에 살짝 힐 에지로 간다. 나중에는 힐 에지에 힘을 많이 주어야 한다.

테이크오프
커브를 돌기 전에 힐 에지에서 점프한다. 이와 동시에 상체를 이용해 세게 토우 에지 쪽으로 회전한다.

에어타임
충분한 높이까지 올라가야만 깔끔하게 회전할 수 있다는 사실을 잊지 말자. 너무 낮게 뛰면 회전이 빨라지고 착지도 불안정해진다.

착지
지면에 낮게 착지하여 가볍게 스위치 토우 턴을 그리는 것이 좋다. 그렇게 하면 회전을 멈추기 가장 수월하며 라이딩을 깔끔하게 컨트롤하는 것으로 보인다.

02 그라운드 트릭

Nosespin 노즈스핀

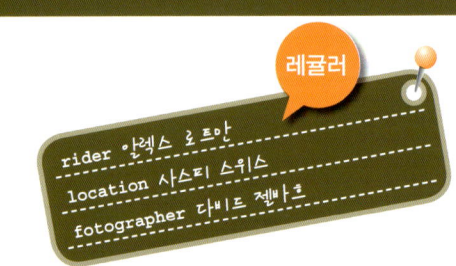

rider 알렉스 로프만
location 사스티 스위스
fotographer 다비드 젠바흐

BS 노즈스핀

Tailspin 테일스핀

technic 기술

일반 사항
테일스핀(tailspin)은 BS 회전이다. 깔끔하게 돌기 위해서는 먼저 반동을 줘야 한다. 처음부터 회전을 성공하기는 어려우니 회전 연습을 한 뒤에 테일스핀을 소화하자. 다른 말로 버터링(buttering)이라고도 한다.

진입
일반적인 활강 포지션에서 페이키로 내려간다.

테이크오프
페이키로 가면서 무게 중심을 테일에 두고 힐 에지의 앞발 쪽으로 몸을 낮춘다.

에어타임
상체를 BS 방향으로 회전한다. 이때 회전축은 테일이다. 테일은 대부분 노즈보다 짧고 딱딱하기 때문에 스핀을 하는 동안에 계속해서 무게를 완전히 뒤쪽에 두어야 한다. 이때 앞발은 높이 든다.

BS 테일스핀

1...

180°를 지나서 노즈가 아래쪽을 가리키고 있다면 잠깐 멈춰 선다. 로테이션을 계속하려면 테일을 아래쪽으로 밀고 몸이 보드 뒤로 가도록 한다.

착지
스핀을 마무리하려면 무게 중심을 순간적으로 앞으로 옮기고 노즈가 슬로프에 닿게 한다.

Ground Tricks

technic 기술

일반 사항
노즈스핀(nosespin)은 BS 회전이다. 다른 말로는 롤링(rolling)이라고도 부른다.

진입
활강 포지션에서 앞으로 진행하다 살짝 힐 에지로 바꾼다.

테이크오프
뒷발로 몸을 낮추고 하중을 노즈에 싣는다. 상체와 팔을 이용해 BS로 회전한다.

에어타임
노즈에서 처음 180° 스핀은 아주 쉽다. 회전을 더 하려면 앞발을 아래로 밀며 노즈로 균형을 잡는다. 노즈가 아래로 미끄러지기 시작하면 더 빠르게 회전한다.

착지
스핀을 마무리하려면 테일을 슬로프에 내려놓는다. 깔끔하게 내려가기 위해서는 하중을 뒤에 싣고 토우 턴을 그리며 내려간다.

...11

02 그라운드 트릭

rider 알렉스 로프만
location 피츨, 오스트리아
fotographer 다비드 젭바르

레귤러

7...

1...

BS 360°
BS 360°

technic 기술

일반 사항
BS 360°는 노즈로 점프하는 것이다. 보드의 반동을 이용해 연이어서 더 높이 뛰어 로테이션 할 수 있다.

진입
토우 턴을 그리며 앞으로 내려간다.

테이크오프
로우 포지션에서 뒷발 쪽으로 몸을 낮추고 무게 중심을 노즈를 옮긴다. 동시에 뒤에 있는 손을 BS 방향의 등 쪽에서 위로 가게 하고 머리와 함께 뒤돌려차기를 한다는 기분으로 뒷발을 힘껏 돌린다.

에어타임
노즈로 인해 깊은 자국이 나면 몸을 앞발 쪽으로 낮추어 노즈를 눌러 준다. 보드의 반동을 이용해 보드의 회전 속도를 더 높인다. 그다음 방향을 유지할 때는 노즈의 자국으로 비스듬한 회전축을 정한다. 이를 통해 빠르게 도는 동시에 착지에 주의를 기울여야 한다.

Ground Tricks

FS 360°

...1

technic 기술

일반 사항
FS 360°에서는 평소보다 속도가 약간 더 빨라야 하며 완벽하게 회전하기 위해 충분한 높이까지 뛰어야 한다.

진입
마찬가지로 활강 포지션에서 직진으로 진행하는데 이때 살짝 힐 에지로 간다. 무릎을 낮추고 무게 중심을 테일 방향으로 이동시킨다.

테이크오프
테일의 힐 에지로 로테이션에서 알리를 한다. 팔을 이용해 최대한 많이 회전한다.

에어타임
FS 360°는 머리로 하는 것이다. 에지를 사용하는 것을 두려워하지 않아도 된다. 처음엔 완벽하게 돌지 못할지라도 착지해서 안전하게 내려갈 수는 있다.

착지
360° 후 착지했다면 로테이션을 멈추기 위해 작게 힐 턴을 하면 좋다.

착지
처음에는 토우 에지로 착지하여 회전을 마무리하며 미끄러진다. 하지만 힐 에지로 착지하는 것이 좋다. 힘 있게 내려갈 수 있으며 라이딩 자세도 흐트러지지 않기 때문이다.

레귤러

rider 알렉스 로프만
location 사스피 스위스
fotographer 다비트 젠바흐

...8

02 그라운드 트릭

Noseslide
노즈슬라이드

technic 기술

일반 사항
노즈슬라이드는 아주 쉽다. 단계적으로 시도해 보자.

진입
직진으로 활강한다.

테이크오프
가장 쉬운 방법은 작게 힐 턴을 그리며 힐 에지로 몸을 낮추는 것이다. 노즈롤에서 처럼 시작하여 뒤쪽 어깨를 앞으로 당긴다.

에어타임
노즈에서 균형이 잡히면 로테이션의 속도를 늦추도록 한다. 이때 뒷발을 당기고 테일을 뒤로 보낸다. 이렇게 잠깐 동안 슬라이딩한다.

착지
슬라이딩을 마무리하려면 테일을 내려놓고 페이키로 착지해 상체를 계곡 쪽으로 돌려 스위치 포지션을 만든다. 작게 토우 턴을 그리면 깔끔하게 마무리할 수 있다.

레귤러

rider 얀엑스 오트만
location 사스피 스위스
fotographer 다비드 젠바흐

Ground Tricks

photo : Alex Rottmann

photo : Alex Rottmann

03 | 스트레이트 점프
Straight Jump

03 스트레이트 점프

무궁무진한 에어와 스핀의 세계에 온 것을 환영한다. 당신은 독일 최남단 알프스의 작은 도시인 가르미쉬에서 열리는 GAP CAMP의 자이언트 키커, 베르타에 대해 들어본 적이 있을 것이다. 이곳에서는 40m나 되는 갭을 뛰어 넘기 위해 최소 90km/h의 속도로 활강해야 한다.

키커에서 점프하는 것은 흔하지 않은 멋진 경험이다. 하지만 그만큼 위험하기도 하다. 키커에서는 슬로프나 파이프에서처럼 여유를 가질 수 없다. 키커에서 활강할 때에는 테이크오프 할 때 속도가 어느 정도 될 것인지 매우 신중하게 계산해야 한다. 그렇지 않으면 테이블에 떨어지거나 착지한 후 평지에서 균형을 잡기 힘들게 된다.

먼저 키커에서는 어떤 테크닉으로 점프해야 하는지 알아야 한다. 커브가 심한 곳에서 출발하는 것은 좋지 않다. 가능한 한 직진 코스 지점을 선택한다. 시선은 계속해서 테이크오프 지점에 두어야 한다.

정점 뛰기

How to Take off
테이크오프

늦게 뛰기

원리적으로 세 가지 테크닉으로 구분할 수 있는데, 각각 아래 그림과 같은 비행 곡선을 만들게 된다.

정점 뛰기
정점 뛰기는 원래 자세 위주의 스트레이트 점프를 위한 테크닉이다. 더 높이 뛰기 위해서는 테이크오프 할 때 양다리를 낮추어야 한다.

앞서 뛰기
이 테크닉은 점프 시간을 짧게 해서 웨이브를 넘기 위한 방법이다. 키커의 정점을 지나기 전에 알리로 뛴다. 원래의 테이크오프 지점을 점프로 지난다고 할 수 있는데 이때는 비행 곡선은 낮아지고 착지는 빨라진다.

늦게 뛰기
키커에서 속도가 너무 빨라졌을 경우, 속도를 늦출 수 있는 방법이 없다. 이때에는 테이크오프 지점을 그냥 지나치는 것이 최선이다. 이때 테이크오프 지점에서 무릎을 많이 구부려야 한다. 빠른 속도와 낮은 자세 때문에 낮은 비행곡선이 만들어진다.

정점 뛰기, 앞서 뛰기, 늦게 뛰기 이 세 가지 방법 모두 공중에서 몸의 부피를 줄이고 긴장감을 유지하기 위해 테이크오프 직후에 다리를 재빨리 당기는 것이 중요하다. 시선은 계속해서 지면의 산 쪽에 두어야 한다. 착지하기 직전에 충격을 완화할 수 있도록 다리를 뻗는다.

앞서 뛰기

테이블
키커에서 점프하기 전에 같은 테크닉을 테이블에서 연습해 볼 수 있다. 활강할 때 점프를 준비하며 테이블과 랜딩존 사이의 틈을 도약대로 이용한다.

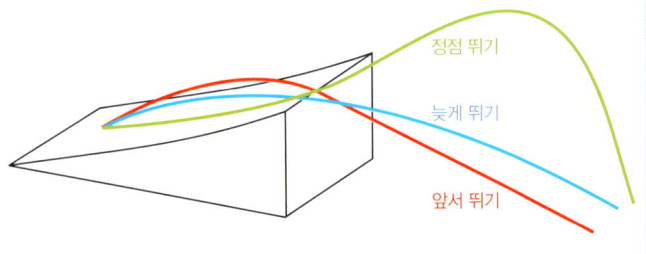

Straight Jump

레귤러

rider 알렉스 로프만
location 사스피, 스위스
fotographer 다비드 젠바흐

키커

테이블(갭)

랜딩존

테이블(갭)

랜딩존

47

03 스트레이트 점프

Straight jump 스트레이트 점프

그랩을 하면서 스트레이트 점프를 하는 것은 사실 기본 테크닉보다 크게 어렵지 않다. 자신감 있게 그랩을 시도해 보자.

테이크오프
기본 테크닉에서와 똑같이 점프한다. 양다리를 낮출 때, 몸을 최대한 많이 구부려 작게 만든다.

에어타임
공중에서 그랩을 시도해 보자. 이때 보드를 몸 쪽으로 가져와야 한다. 반대가 되면 안 된다. 몸을 보드 쪽으로 가져가면 회전축을 이탈해 보드로 착지하지 못하게 된다.
공중에서 본이나 트윅을 할 수 있다면 레일에서 BS나 FS 보드슬라이드를 할 때에도 같은 테크닉을 사용해 보자. 보드슬라이드 시 다리를 앞으로 가져오려 할 때에는 반대편 손이 뒤로 돌아가야 한다. BS 에어에서 그랩을 할 때에는 앞발을 당기고 뒷발을 편다. 동시에 앞에 있는 손으로 힐 에지를 잡는다. 그다음에는 그랩을 풀고 앞에 있는 손을 토우 에지 쪽으로 뻗는다. 그렇게 하면 착지하기 전에 다시 원래의 포지션으로 돌아올 수 있다. 몸을 스프링이라고 생각하고 움직이면 도움이 될 것이다. 상체와 하체를 반대 방향으로 돌렸다가 다시 되돌아오게 한다.

착지
착지를 하기 위해 그랩과 비틀어진 몸을 풀고 다리를 뻗어 충격을 완화한다.

BS 에어

레귤러

rider 다비드 스타이저
location 사스피, 스위스
fotographer 다비드 젠바흐

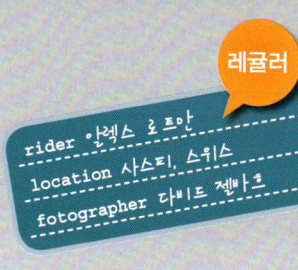

rider 야렌스 로프만
location 사스피, 스위스
fotographer 다비드 젬빠흐

Intro Rotations

로테이션의 도입

베이직 라이딩에서 설명했듯이 로테이션은 공중에서 방향을 조정할 때 매우 중요한 역할을 한다. 이것을 연습하기 위해 간단하게 FS와 BS 로테이션을 연습할 수 있을 만한 경사진 곳을 찾아보자. 버티컬이 없고 트랜지션만 있는 하프파이프의 하단을 이용하면 좋다.

03 스트레이트 점프

로테이션이 양쪽 방향 모두 어느 정도 능숙해지면 테이블에서도 시도해 보자. 여기에서도 로테이션을 연습할 수 있다. 이때 테이블에서 뛰어 키커의 착지점으로 착지하게 되는 것이다. 하프파이프와는 다르게 빠른 속도에서 낮게 뛰게 되는 장점이 있다.

BS 로테이션

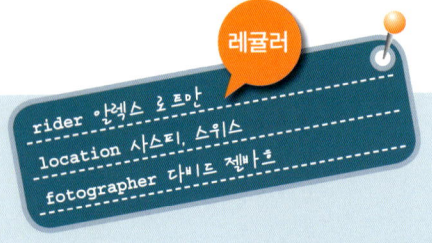

레귤러
rider · 오렌스 호프만
location 사스피, 스위스
fotographer 다비드 제바흐

이제 키커를 시도해 보자. 보통 로테이션 할 때는 살짝 에지로 뛰게 된다. 테이크오프 할 때 로테이션을 많이 할수록 회전 횟수를 늘릴 수 있다.

키커에서는 에지를 너무 많이 세우지 않도록 하고 착지한 즉시, 최대한 빨리 내려간다. 그렇게 되면 라인을 그리게 된다.
키커 진입 시 두 개의 커브를 그리게 되는데

BS 로테이션

FS 로테이션

Straight Jump

첫 번째는 키커에 이르기 전 에지로 S자 혹은 ㄹ(역 S자) 모양을 만들게 된다. 즉 BS 스핀을 하기 전에 먼저 첫 번째 커브를 힐 턴으로 그리게 된다. 두 번째 커브는 키커에서 바로 반대쪽 에지를 이용해 토우 턴을 그리게 된다. 이로 인해 테이크오프 후에 직진 방향으로 공중에 뜨게 되고 완벽한 스핀을 구사할 수 있게 된다.

03 스트레이트 점프

BS 180°
BS 180°

technic 기술

일반 사항

일단 해 보면 BS 180°에서는 로테이션을 많이 할 필요가 없다는 것을 알게 된다. 너무 많이 돌지 않으려면 어깨가 반대로 돌아갈 때까지 시선은 최대한 노즈 쪽을 향하게 한다. 이렇게 하면 지나치게 돌게 되는 것을 피할 수 있다.

Straight Jump

테이크오프
가볍게 커브를 돌며 자연스럽게 활강한다. 테이크오프 후 시선을 노즈 위에 둔다.

에어타임
엉덩이를 계곡 쪽으로 내밀어 백 사이드 포지션을 유지하면서 진행하도록 한다. 이때 시선은 산 쪽으로 유지하여 데크를 볼 수 있도록 해야 한다. 보드는 공중에서 폴라인과 수직 방향이 되도록 해야 하는데, 이는 데크가 90°까지만 돌아야 한다는 뜻이다. 착지하기 직전에 데크의 나머지 90°를 마저 돌리면서 머리는 점프한 쪽을 향한다.

착지
블라인드 랜딩(진행 방향은 볼 수 없음) 직후 페이키로 내려간다. 안정적으로 착지했다고 생각되면 스위치 포지션으로 바꾸고 시선은 진행 방향을 향하도록 한다.

레귤러
rider 빈첸초 취프스
location 스노파크, 뉴질랜드
fotographer 다비드 젬바흐

실패의 원인 및 해결책
180°보다 많이 돌게 된다.
테이크오프 시 머리를 착지 방향으로 돌렸을 수 있다. 이 경우 스위치로 착지하기 때문에 처음에는 자세가 아주 불안정하다. 테이크오프에서 로테이션을 다 끝내 버리면 스핀을 멈추기 힘들기 때문에 너무 많이 돌게 되는 것이다. 그럴 경우 보드를 먼저 돌리고 머리를 마지막에 돌려야 한다는 것을 기억해야 한다.

03 스트레이트 점프

BS 360°
BS 360°

technic 기술

일반 사항

BS 360°의 착지는 어렵지 않다. 테이크오프 직후에 머리를 이용해 트릭의 회전을 마무리한다. 로테이션과 그랩을 할 수 있는 시간은 충분하다.

Straight Jump

레귤러

rider 얀 이차엘리스
location 노드파크, 오스트리아
fotographer 다비드 젠바흐

테이크오프
가볍게 커브를 그리며 나아간다. 테이크오프의 순간 상체는 반대 방향을 향하도록 스위치 포지션에 두고 머리는 밑을 향하게 하여 점프 타이밍을 컨트롤한다.

에어타임
테이크오프 후부터 착지할 때까지 시선은 뒤쪽 어깨를 향해 있게 된다. 뒤쪽 어깨의 옆이든 아래든 상관없지만 어깨 위쪽을 향해서는 안 된다. 그렇게 되면 테이블에 떨어지게 되고 착지하는 곳이 시야에서 벗어나게 된다. 또한 반듯하게 세운 자세로는 보드를 그랩할 수 없다. 착지 후까지 시선을 그대로 유지하면 여유 있게 보드를 조절할 수 있다.

착지
보드를 착지점에 구상한 대로 내려놓도록 해 본다. 아직 로테이션이 끝나지 않은 상태라면 잠깐 동안은 힐 슬라이드나 힐 에지로 활강하면서 속도를 줄일 수도 있다.

실패 원인 및 해결책
시선이 착지점을 향하지 않는다.
점프를 하는 동안 내내 그렇지는 않을 것이다. 회전하는 동안 시선이 어디에 있게 되는지 점프를 머릿속으로 그려 본다. 실제 점프하는 동안에도 이때 상상한 것처럼 되도록 한다.

03 스트레이트 점프

BS 540°

착지
경험상 BS 540° 회전 후에는 토우 에지 보다는 힐 에지 또는 베이스로 착지하는 것이 좋다. 착지 후에는 완벽하게 스위치로 활강할 수 있다. 토우 에지로 착지했다면 너무 많이 돈 것이다.

technic 기술

일반 사항
BS 540°를 할 때 머리는 360°만 회전하고 착지 시 시선은 테이블에 둔다.

테이크오프
테이크오프에서는 상체가 다시 스위치 포지션에 있게 된다.

에어타임
회전은 BS 360°와 거의 비슷하게 하면 된다. 다만 약간 더 빠르게 돌아야 한다. 360° 회전 직후부터 랜딩존을 바라보며, 180°를 더 돌아 스위치로 착지한다. 점프 중 착지점과 테이블을 정해야 한다. 착지점을 바라보며 180°를 돌고 그 이후에 테이블을 바라보아야 한다.

실패 원인 및 해결책
공중에서 방향 조정을 하지 못했다.
그렇다면 회전 속도를 훨씬 더 빠르게 해야 한다. 뒤쪽 어깨로 시선이 향하도록 하고, 절대 아래를 보지 않아야 한다. 그렇게 하면 좀 더 집중하기 쉬워진다. 중요한 것은 360°를 돌 때까지는 계속 뒤쪽 어깨를 보다가 착지해야 한다는 점이다.

Straight Jump

rider 빈첸츠 퀴프스
location 스노파크, 뉴질랜드
fotographer 다비드 젠바흐

레귤러

03 스트레이트 점프

BS 720°
BS 720°

테이크오프
테이크오프에서는 상체가 다시 스위치 포지션에 있게 된다. 키커에서는 약간 더 공격적인 커브를 그리게 된다. 점프할 때 뒤쪽 어깨의 아래 방향을 바라보면 많이 돌 수 없게 된다.

technic 기술

일반 사항
회전수가 늘어날수록 약간 비스듬하게 돌면 회전이 쉬워진다. BS 720°에서는 머리를 540°만 회전시키고 계곡을 바라보며 착지한다.

에어타임
약간 비스듬하게 돌았다면 먼저 테이블에서 바라본다. 약 360°를 지나 보드가 시야에서 벗어나게 된다. 다시 지면이 보일 때까지 보드에서 시선을 떼지 않아야 한다. 이 순간부터 노즈가 아래쪽으로 내려가도록 하고 상체를 반듯하게 세우도록 한다. 이를 위해 머리를 테일 방향으로 세게 돌리고 뒤에 있는 팔꿈치를 빠르게 위로 당긴다.

구피

rider 튼로 아우서
location 카트로나, 뉴질랜드
fotographer 다비트 첸바크

Straight Jump

착지
BS 720°에서는 대부분 토우 에지로 착지하게 되기 때문에 착지가 안정적이지 않게 된다. 베이스나 힐 에지에 가깝게 착지한다면 완벽한 BS 720°를 선보일 수 있다.

실패 원인 및 해결책
공중에서 방향 조정을 하지 못 한다.
시선을 이용하거나 응시점에 대해 생각해 본 적이 있는가? 스핀을 할 때 몸에 긴장이 풀어지게 되는 경우가 생기기 마련이다. 이런 상황은 보통 보드가 시야에서 벗어나는 지점에서 발생한다. 로테이션을 할 때에도 몸에 긴장이 풀어지면 안 된다. 너무 느리게 돈다면 720°를 모두 돌 수 없게 된다. 그렇게 되면 엉덩이나 BS 에지로 착지하게 된다. 몸에 긴장감을 유지하며 빠르게 도는 것에 신경 써 보자. 그랩을 할 때 더 빠르게 보드를 당기고 머리를 테일 쪽으로 더 많이 가게 한다면 제대로 착지할 수 있을 것이다.

03 스트레이트 점프

SW BS 540°

SW BS 540°

technic 기술

일반 사항

모든 BS 회전은 스위치로도 점프가 가능하다. 동작은 거의 비슷하다. 위의 SW BS 540°의 사진을 보자.

Straight Jump

rider 빈첸츠 취프스
location 스노파크, 뉴질랜드
fotographer 다비트 젬바흐

레귤러

03 스트레이트 점프

FS 180° FS 180°

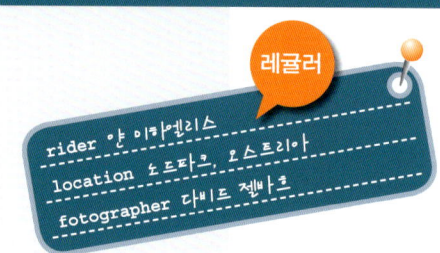

rider 얀 이카겐리스
location 노프파크, 오스트리아
fotographer 다비트 젬바크

레귤러

technic 기술

일반 사항
FS 180°에서는 약간 거칠게 착지하게 된다.
회전은 비교적 쉬운 편이다.

착지
착지를 하려면 보드와 허리를 더 돌린다.
테이크오프를 지나서는 상체를 약간만 더
돌린다. 착지 시 다리를 뻗어 충격을 줄일
수 있는 여유를 만든다.

Straight Jump

실패 원인 및 해결책
너무 많이 돌게 되고 힐 에지로 거칠게 착지하게 된다.
앞에서 설명한 것과 같이 테이크오프를 지나서는 상체를 거의 돌리지 않는다. 스위치 포지션에서 바로 착지한다. 허리만 돌리도록 해 보자. 트릭을 하는 동안 시선은 계속해서 착지점을 향한다.

에어타임
공중에서 회전 속도를 줄이도록 한다. 상체가 90°로 돌아있기 때문에 허리와 보드를 당긴다. 공중에서 몸을 웅크려 그랩한다.

테이크오프
테이크오프에서 상체를 앞으로 더 돌린다. 가슴이 계곡을 향하게 한다.

03 스트레이트 점프

FS 360°

FS 360°

technic 기술

일반 사항
FS 360°에서는 설면에 닿기 직전에만 착지점을 바라본다. 머리도 360° 회전한다.

테이크오프
테이크오프 시 상체를 먼저 돌리고 가슴은 계곡을 향하게 한다. 머리는 뒤쪽 어깨를 향하게 하고 시선은 키커에 고정한다.

에어타임
점프하는 동안 계속해서 회전한다. 키커, 테이블, 착지하는 순간까지 눈으로 회전을 인지하여 방향을 조정하도록 한다.

Straight Jump

rider 샤버 호프만
location 스노파크, 뉴질랜드
fotographer 다비드 젠바흐

구피

착지

보통은 베이스로 착지하지만, 살짝 토우 에지로 착지할 수도 있다. FS 360°는 더 많이 돌거나 착지하면서 회전을 멈추기 어렵다. 이것은 더 천천히 돌아야 한다는 뜻이다. 앞에서 언급한 것처럼 설면에 닿기 직전에 착지점을 바라보도록 한다.

실패 원인 및 해결책

더 많이 돌게 되거나 회전이 부족해 스위치 포지션으로 착지하는 것이 어렵다.
시선을 랜딩존으로 빨리 돌리려고 신경을 너무 많이 쓰다보면 스핀이 빨라져 360° 보다 더 많이 도는 결과가 발생한다. 또한 시선처리가 잘못되면 스핀이 너무 빨리 끝나버려 무릎으로 랜딩을 하거나 스위치 포지션으로 착지할 수 없는 상황이 발생한다. 테이크오프를 하고 시야에 슬로프와 토우 에지가 살짝 잡히도록 하면서 회전할 때 시선이 어떻게 움직이는지 살펴보자.

03 스트레이트 점프

FS 540°

FS 540°

technic 기술

일반 사항
FS 540°는 실제로 FS 360°와 거의 비슷하다.

테이크오프
테이크오프 시 상체를 먼저 돌리고 가슴은 계곡을 향하게 한다. 머리는 뒤에 있는 어깨 쪽을 향하도록 하고, 시선은 키커에 고정한다.

에어타임
점프하는 동안 계속해서 회전한다. 키커, 테이블, 착지하는 순간까지 눈으로 회전을 인지하여 방향을 조정하도록 한다. 착지점이 보이면 머리와 상체를 그대로 유지한다. 허리와 보드를 180° 정도 회전해 스위치로 착지한다.

Straight Jump

1

2

3

6

7

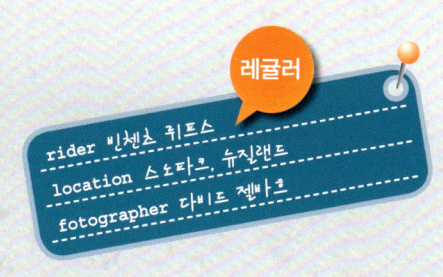

> 레귤러
> rider 빈첸스 퀴프스
> location 스노타그, 뉴질랜드
> fotographer 대비드 젠바호

10

착지
전형적인 방법은 베이스로 착지하는 것이지만 살짝 힐 에지로 착지해도 좋다. 정확하게 회전한다면 착지도 어렵지 않게 할 수 있다.

11

15

16

실패 원인 및 해결책
회전하는 중에 착지하게 된다.
보드가 정확하게 착지한다고 해도 상체는 토우 에지 쪽을 향해 있을 것이다. FS 540°를 다 돌지 못했다면 마지막 180°에서는 상체를 반대로 회전하도록 해야 한다. 테이크오프 시 더 능동적인 회전 연습이 필요하다.

03 스트레이트 점프
FS 720°

FS 720°

technic 기술

일반 사항
FS 540°와 FS 720° 사이에는 확실한 차이가 있다. FS 540°의 경우에는 머리를 약 360° 정도만 부분적으로 회전하고 FS 720°의 경우에는 720° 전부 회전한다.

테이크오프
테이크오프 시 상체를 먼저 돌린다. 허리는 계곡을 향하게 하고 머리는 뒤쪽 어깨를 향한다. 시선은 키커에 고정한다.

에어타임
점프하는 동안 계속해서 회전한다. 머릿속으로 회전수를 세며 두 번째 회전이 끝나는 즉시 착지점을 바라보도록 한다. 이렇게 하면 방향을 잃어버리지 않게 된다.

Straight Jump

rider 토로 마우서
location 카드로나, 뉴질랜드
fotographer 다비드 젠파호

구피

착지
FS 720°의 전형적인 착지 방법은 베이스로 하는 것으로 착지가 쉽지만은 않다.

실패 원인 및 해결책
깔끔하게 회전하지 못하고 공중에서 기울어진다. 또한 몸에 긴장감이 없다.
머리로 빠르게 회전한다는 것만 생각하고 더 빠르게 회전하기 위해 테이크오프 시 머리가 뒤에 있는 어깨 쪽을 향하게 해야 한다는 것을 잊었을 것이다. 시선을 어깨로 향하게 하면 회전하면서 저절로 등이 굽어지게 된다. 한편 이로 인해 긴장감을 잃게 될 수도 있고 다른 한편으로는 그랩을 하다가 넘어질 수도 있다.

03 스트레이트 점프

SW FS 180°

SW FS 180°

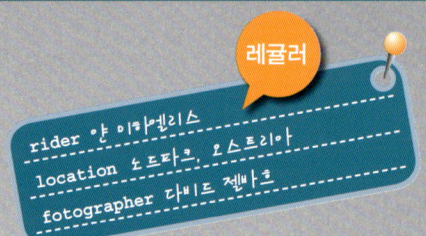
rider 얀 미카엘리스
location 노드파크, 오스트리아
fotographer 다비드 젠바흐

레귤러

Straight Jump

technic 기술

일반 사항

모든 FS 회전은 스위치로도 점프할 수 있다. 동작은 거의 비슷하다. SW FS 180° 동작 사진을 잘 보도록 하자.

photo: Alex Rottmann
pipeshape : nordpark seegrube, AUT

04 | 하프파이프
Halfpipe

04 하프파이프

실전 베이직

Basic execution

1. 하프파이프의 기본

일반 사항

파이프 안으로 진입하기 전 이곳에서는 점프를 하지 않는다는 것을 알아야 한다. 양쪽 옆 부분을 접어 U자 모양이 된 슬로프가 하프파이프이다. 보드가 립을 넘어서기 전까지는 파이프 안에서 커브를 그리면서 활

Halfpipe

rider 아렉스 로프만
location 사스피, 스위스
fotographer 다비드 젠파로

레귤러

강하면 된다. 파이프를 넘어가기에 충분한 속도에 이르면 보드를 바닥에서 띄운다.
마찰 없이 활강하는 것에 능숙해지기 위해서는 다음을 기억해야 한다. 천천히 플랫으로 내려갈 때 로우 포지션을 유지하며 탄다. 트랜지션에서는 최대한 에지를 사용하지 않도록 해야 하는데, 다리를 더 많이 뻗으면 가능하다. 이 위치에서 벽을 타고 높이 올라간다. 속도가 느려지기 시작하면 커브를 그린다. 커브의 끝 부분이 각이 져서는 안 된다는 것을 잊지 말고 날카롭게 모서리지지 않게 타야 한다.

트랜지션을 내려올 때에는 다리를 다시 구부린다. 부동자세로 플랫을 지나 반대편 트랜지션으로 간다. 이 기술로 아주 빠른 속도를 낼 수 있다. 약간 구부린 채로 립까지 가면 된다. 리듬을 잃지 않는다면 트랜지션에서 다리를 빨리 뻗어 벽을 타고 높이 올라가게 된다. 충분한 속도에 이르면 보드는 파이프 밖으로 올라간다. 이때에는 수동적인 자세를 유지하는 것이 좋다. 보드는 비스듬하게 파이프 밖으로 나가게 되는데, 테일이 공중으로 뜨게 되면 다리를 당겨 착지를 준비한다. 여기까지 성공했다면 다리를 구부려 산 쪽 에지를 이용해 파이프의 버티칼로 완벽하게 착지한다.

04 하프파이프

2. 알리웁

3. 에어 to 페이키

일반 사항

그라운드 트릭과 스트레이트 점프에 대한 이론들은 파이프에서도 동일하게 적용된다. 파이프 라이딩은 벽을 타고 올라가야 할 뿐만 아니라 동시에 파이프의 진행 방향인 하단으로 이동할 수 있어야 한다. 가장 먼저 연습하게 될 파이프에서의 트릭은 에어 투 페이키이다. 에어 투 페이키는 기본 스탠스

Halfpipe

일반 사항

알리웁은 파이프에서의 스핀을 묘사하는 용어로, 에어와 같은 방향으로 회전하는 스트레이트 에어와 달리 에어와 반대 방향으로 회전하게 된다. 즉 FS로 진입하여 BS로 회전하거나 BS로 진입하여 FS로 회전하는 것을 뜻한다. 에어 투 페이키와 파이프에서의 원리는 동일하다. 다만 에어의 정점에 이르렀을 때 파이프의 아래를 바라보고 보드를 진행 방향과 반대로 회전하면 된다. 180° 회전을 마치고 착지를 하면 페이키가 아닌 본래의 스탠스로 돌아오게 된다. 착지 후 반대쪽 벽으로 이동하면 성공이다. 처음에는 팔을 많이 사용하면 좋다. 중요한 것은 회전을 함으로써 사용하는 에지의 방향이 바뀌기 때문에 벽에서 빠져나오기 전에 산 쪽으로 에징을 전환해야 한다는 것이다.

rider 알렉스 로프만
location 사스피, 스위스
fotographer 다비드 젠바흐

레귤러

로 벽을 타고 립을 넘어서 립오버를 한 후 아무런 스핀이나 플립 없이 그대로 내려오면 페이키가 된다는 특징이 있다. 즉 레귤러 라이더가 파이프의 우측 벽을 타고 올라갈 때는 여전히 레귤러이지만 립오버 후 같은 자세로 착지를 하게 되면 페이키 상태가 된다. 그리고 상체를 돌려 좌측 벽을 바라보면서 진입할 때는 구피 스탠스로써 스위치 포지션 상태에 있게 되는 재미있는 상황이 연출된다. 많은 라이더들이 파이프에서 에지로 가파른 경사를 그리며 벽을 탄 후 내려와 다시 같은 자리에 착지하는 우를 범한다. 이렇게 너무 가파른 경사로 파이프를 올라갈 경우 높이는 얻을 수 있지만 앞으로 나아가기는 어렵다. 에어 투 페이키는 몸이 하나의 비행 곡선을 그리게 된다. 에어로 가는 최고점에서 멈추었다가 페이키로 내려오는 시점이 중요한데, 그래야만 보드가 완벽하게 착지할 수 있는 위치를 잡을 수 있다. 중요한 것은 몸을 정지한 상태보다 몸을 움직이고 있을 때가 안정적이라는 점이다.

04 하프파이프

BS 드롭인

FS 드롭인

technic 기술

일반 사항
처음 드롭인을 연습할 땐 엔트리 램프에서 가까운 낮은 벽부터 시작하며, 지나치게 높거나 가파른 벽은 피한다.

진입
느린 속도로 립과 평행하게 플랫폼 위를 나아가다가 드롭인할 곳을 확인하고 가볍게 에지로 간다. 데크를 제어하기보다는 자연스럽게 보드에 몸을 맡긴다. 긴 커브를 그리듯 드롭인할 때는 각도가 낮아야 한다.

드롭인
노즈가 립에 닿는 순간 무게를 앞발에 완전히 실으며 동시에 파이프 안으로 들어간다. 다리를 구부려 허리를 낮추고 가슴을 무릎 쪽으로 붙인다. BS 드롭인을 할 때에는 마치 의자에 빠르게 앉으려고 하는 것과 같은 느낌으로 하면 도움이 될 것이다. FS 드롭인을 할 때에는 무릎으로 반동을 주며 떨어진다고 생각하면 좋다. 드롭인을 하는 중에는 설면과 보드가 꼭 닿아 있어야 한다. 드롭인을 할 때는 산 쪽에 가까운 에지를 이용해 파이프의 반대 방향으로 진행한다.

Halfpipe
Drop in FS and BS
하프파이프 드롭인

대체할 수 있는 변형 테크닉
알리 to 드롭인

실패 원인 및 해결책
드롭인 후 보드가 설면에 닿지 않거나 바로 플랫에 떨어진다.
- 진입 각도가 너무 가파르다.
- 몸을 낮추거나 무릎을 낮추는 동작이 없다.
- 진입 속도가 빠르다.

구피

rider 사버 오드만
location 카드로나, 뉴질랜드
fotographer 다비드 젤바흐

04 하프파이프

Ollie to BS and FS drop in

알리 to 드롭인

알리 to FS 드롭인

Halfpipe

구피

rider 샤버 호트만
location 카드로나, 뉴질랜드
fotographer 다비드 젠바크

알리 to BS 드롭인

technic 기술

일반 사항
평범한 드롭인을 익힌 후 속도를 더 높이고 싶다면 알리로 드롭인해 보자.

진입
커브에서 점프를 하려는 것처럼 출발하며, 알리로 드롭인 하여 노즈다이브로 착지한다. 파이프의 가파른 벽에 착지하기 위해 공중에서 빨리 상체를 구부린 자세를 만드는 것이 중요하다. 립을 지나 벽에 이르면 접은 다리를 적절히 펴서 안정적으로 착지한다. 알리로 드롭인할 때에는 몸을 너무 숙여서 가파른 진입이 되는 일이 없도록 하고, 곧바로 반대쪽에 있는 벽으로 이동하면 성공이다.

실패 원인 및 해결책
드롭인 후 보드 접촉을 잃게 된다→플랫에 착지 알리에서 너무 가파르게 점프
- 몸을 낮추거나 무릎을 낮추는 동작이 없다.
- 시작하기에는 속도가 너무 빠르다.

산 쪽 에지로 착지하게 된다.
- 몸을 낮추거나 무릎을 낮추는 동작이 없다.

대체할 수 있는 변형 테크닉
- 알리 to BS 180° SW 드롭인
- 알리 to FS 180° SW 드롭인

04 하프파이프

Straight airs 스트레이트 에어

technic 기술

일반 사항

스트레이트 에어는 하프파이프의 기본 테크닉을 이용해 립 위로 솟아올라 점프하는 기술이다. 이 기술의 관건은 에어타임을 늘리는 것이다.

기본적인 것에 유의하면 성공할 수 있다. 일단은 속도가 빨라질수록 성공 확률은 높아진다. 하지만 속도가 전부가 아니라는 사실을 명심하고 높은 곳까지 뛰어 에어를 컨트롤해야 한다. 안전하게 착지하기 위해서는 올바른 테크닉을 익히는 게 우선이다.

테이크오프

립 위에 레일이 있고 보드가 레일을 타고 간다고 상상해 보자. 이때 가장 큰 실패 원인은 보드가 벽에서 너무 빨리 떨어지는 것이다. 테이크오프에서는 무릎이 구부러져 있어도 안 되고 다리를 너무 뻗고 있어도 안 된다. 벽을 타고 올라가는 것에 최대한 집중해야 한다. 체중은 뒤쪽 다리와 테일 쪽에 싣는다. 노즈가 립에 닿으면 립오버를 하기 위해 테일로 자국을 내며 미끄러진다.

1. FS 에어

Halfpipe

에어타임
공중에서 보드를 잡는다. 다리를 구부리고 손을 뻗는다. 이로 인해 상체에 긴장감이 더해지고 자세는 안정적이게 된다. 에어를 하는 동안 시선은 립에 두고 비행곡선의 높이와 넓이를 조정한다. 스트레이트 에어를 할 때는 약 100°를 돌게 된다. 저절로 그렇게 된다. 또한 에어를 컨트롤해야 하는데 그랩을 하지 않는 손을 빠르게나 느리게 돌려 회전을 조정할 수 있다.

착지
착지하기 직전에 손을 보드에서 떼고 상체가 벽에서 얼마나 떨어져 있는지 확인한다. 버티칼의 윗부분이나 트랜지션의 윗부분으로 착지하는 것이 가장 좋다. 그렇게 하려면 다리를 뻗거나 구부려서 착지를 조정해야 한다.

실패 원인 및 해결책
플랫에 착지하게 된다.
파이프의 각도가 알맞은지 점검해야 한다. 벽에서 테이크오프 할 때 몸을 낮춘다. 다리를 더 빨리 뻗고 테이크오프 할 때 파이프에서 빠져나온다.

구피

rider 새버 오프만
location 후드산, 미국
fotographer 다비드 젠바크

04 하프파이프

2. BS 에어

rider 크리스토프 슈이츠
location 노드파크, 오스트리아
fotographer 다비드 젠바흐

레귤러

Halfpipe

87

04 하프파이프

BS alleyoop, stalefish
BS 알리웁, 스테일피쉬

technic 기술

일반 사항
알리웁에서도 쉽게 에지로 점프하려는 경향이 있다. 베이스의 측면으로 가게 될수록 알리웁을 하기에 더 유리하다.

테이크오프
에어 투 페이키를 할 때처럼 시작한다. 테일로 가다가 립에 시선을 고정하고 상체를 구부려 등을 살짝 뒤쪽으로 당긴다.

에어타임
전체 로테이션을 머리로 조정할 수 있다. 립을 지나는 즉시 시선을 비행 반대 방향의 파이프 안쪽에 두고 몸 전체로 알리웁 회전을 시작한다. 동시에 뒤쪽 바인딩의 힐 에지 앞부분을 잡아 주는 스테일피쉬 그랩을 하는데, 이때 어깨를 착지에 필요한 포지션으로 움직인다. 허리를 약간 돌려 로테이션의 속도를 빠르게 하거나 늦출 수 있으며, 또한 멈출 수도 있다. 마찬가지로 앞에 있는 손도 사용한다. 앞에 있는 손은 많이 움직이는 것보다 공중으로 뻗으면 멋있어 보인다.

Halfpipe

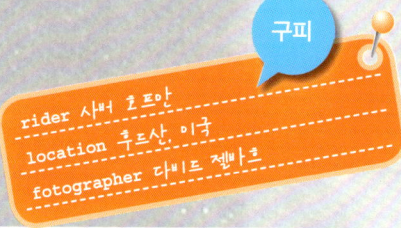

대체할 수 있는 변형 테크닉
- 테일 그랩
- 뮤트 그랩
- 저팬 에어

착지
착지는 베이스나 살짝 토우 에지로 한다. 착지하기 바로 전에 무릎을 살짝 앞으로 하면 토우 에지로 착지하기 쉬워진다. 앞에 있는 손으로 상체의 위치를 약간 조정할 수 있다.

실패 원인 및 해결책
착지점을 이탈한다.
- 테이크오프에서 에지의 사용이 과하면 베이스로 하는 연습을 한다.
- 시선 처리에 문제가 없는지 살펴본다.

비행곡선이 낮다
- 에지를 과하게 사용하여 너무 세게 점프한다.
- 너무 일찍 점프를 하여 로테이션한다.

04 하프파이프

FS alleyoop, Indy
FS 알리웁, 인디

technic 기술

일반 사항
FS에서는 알리웁을 할 때 착지점을 보지 않게 되는 일은 거의 없다. 하지만 이 경우 멀리 회전을 하기 때문에 꼭 착지점에서 시선을 떼지 않도록 유의한다.

테이크오프
뉴트럴 포지션으로 벽을 타고 올라간다. 시선은 토우 에지 뒤의 립을 바라본다.

Halfpipe

에어타임
전체 로테이션을 머리로 조정할 수 있다. 테이크오프 지점을 벗어나는 즉시 시선을 비행 반대 방향의 립에 두고 몸 전체로 알리웁 회전을 시작한다. 동시에 그랩을 한다. 허리를 잠깐 동안 회전 반대 방향으로 움직여 상체를 하체와 반대 방향으로 돌아가게 한다.

착지
마지막에 허리를 착지 방향으로 당긴다. 힐에지로 착지하며, 시선은 립에 머물러야 한다. 착지점에서 멀리 떨어져 있는 것처럼 멀리 바라본다. 시선은 착지 후에 착지한 쪽의 벽으로 옮긴다.

실패 원인 및 해결책
착지점을 이탈하거나 비행곡선이 낮다.
너무 강하게 에징하여 점프한다.

대체할 수 있는 변형 테크닉
- 리엔
- 스테일피쉬
- 테일

구피

rider 토비 슈트라우스
location 카드로나, 뉴질랜드
fotographer 다비드 젠바흐

04 하프파이프

Air to fakie, lien nosebone
에어 to 페이키, 리엔 노즈본

technic 기술

일반 사항
보통 에어 투 페이키를 할 때에는 일반 에어와 비슷한 비행 곡선을 그리게 된다. 이 기술의 가장 큰 실패 원인은 너무 스타일에만 신경을 써 에지로 점프하는 것이다.

테이크오프
테일만 설면에 접촉되어 있을 때 몸을 낮춘다. 테이크오프 지점을 응시하도록 하고 이 시선을 유지한다. 등을 약간 뒤쪽으로 당기고 몸을 살짝 구부린다. 뒤로 가는 것에 대한 두려움을 갖지 않도록 한다.

에어타임
공중에 뜨면 바로 그랩을 시작한다. 리엔을 하는 동안 손과 앞에 있는 다리를 앞으로 밀어 본다. 이때 상체를 많이 구부릴수록 그랩을 하기 쉬워진다. 테이크오프 지점과 립의 아래쪽에서 시선을 떼지 않도록 한다.

Halfpipe

실패 원인 및 해결책

착지가 깔끔하지 않다.
- 머리를 너무 일찍 반대쪽 트랜지션 방향으로 돌린 것이다.
- 에어타임 중에 상체를 돌린 것이다.

착지점을 벗어난다.
- 에지로 너무 세게 도약한다.
- 뒤로 가는 것을 두려워한다.
- 등을 진행 방향 쪽으로 돌리지 못했다.

대체할 수 있는 변형 테크닉
- 테일 그랩
- 더블 테일 그랩
- BS 그랩

구피

rider 셔서 오프만
location 후드산, 미국
fotographer 다비드 젠바르

착지

착지는 쉽지 않은 편이다. 깔끔하게 착지하기 위해서는 계속해서 테이크오프 지점을 바라보아야 한다. 반대쪽 트랜지션으로 시선을 돌려서는 안 된다. 설면에 닿은 후 머리를 돌려 반대쪽 벽으로 간다.

04 하프파이프

rider 사샤 로트만
location 스노타운, 뉴질랜드
fotographer 다비트 젬바흐

Handplant 핸드플랜트

rider 토비 슈트라우스
location 스노타운, 뉴질랜드
fotographer 다비트 젬바흐

앤드레호트   에그플랜트

rider 틸링 슈트라우스
location 카드로나, 뉴질랜드
fotographer 다비트 젬바흐

Halfpipe

technic 기술

일반 사항
파이프에서 핸드플랜트를 할 때에는 에어를 할 때보다 훨씬 적은 속도만 있으면 가능하며, 립에서 구사할 수 있다.

테이크오프
벽을 가파르게 올라가도 된다. 트랜지션에서부터 에징을 이용해 몸을 눕히고 직선에 가까운 커브로 진행하다가 상체를 세게 돌린다.

에어타임
립을 지나면 곧바로 뒤에 있는 손으로 립을 짚고 몸을 떠받친다. 다리를 높이 드는 동시에 손으로 보드를 조정한다. 몸이 수직으로 세워진 느낌이 들면 상체를 BS 에어 하듯이 아주 세게 구부린다. 이때 상체는 파이프를 마주보도록 한다.

rider 시버 로트만
location 노스스타, 미국
fotographer 다비드 젠바흐

핸드플랜트

착지
동작이 아주 빠르게 연결된다면 자연스럽게 할 수 있다. 보드를 다시 몸 아래쪽으로 가지고 오는 것이 중요하다. 핸드플랜트를 성공하고 되돌아오려면 바로 다리를 아래로 당긴다. 이로 인해 상체가 똑바로 세워지게 되는데 받치고 있던 손을 립에서 바로 뗀다. 스위치로 활강하여 파이프 안으로 들어간다.

대체할 수 있는 변형 테크닉
두 가지의 전형적인 변형 테크닉인 에그플랜트와 앤드레히트는 왼쪽의 그림과 같다.
- 앤드레히트 : 뒤에 있는 손으로 립을 짚으면서 파이프를 등진다.
- 에그플랜트 : 손을 짚을 때 로테이션을 백 사이드로 하여 파이프를 등지도록 한다.

04 하프파이프

Rotations 로테이션
BS 360°
BS 360°

technic 기술

일반 사항
BS 360°를 성공하기 위해서는 특별히 회전 연습을 많이 할 필요가 없다. 스위치 드롭인을 BS 360°로는 잘 하지 않지만 가볍게 회전하기 때문에 스위치 트릭으로는 선호하는 편이다.

테이크오프
먼저 점프하기에 앞서 상체와 머리를 테일 방향으로 돌리며 다리 아래쪽의 립을 바라본다. 팔꿈치를 몸 뒤쪽에서 위로 향하게 한다. 이렇게 하는 것만으로도 로테이션이 충분히 가능하다. 또한 저절로 상체가 올바른 위치에 오게 된다.

에어타임
파이프에서 빠져나오는 대로 다리를 당겨 보드를 잡는다.
시선은 립을 따라가다가 데크의 착지점을 바라보며 로테이션을 마무리한다. 착지하기 직전에 팔을 위로 올려 컨트롤하면 로테이션을 멈추기 쉽다. 그랩한 후에 몸을 구부린 채 머물러 있다가 착지하면 훨씬 나아 보일 것이다.

Halfpipe

rider 얀 미카엘리스
location 후드산, 미국
fotographer 다비드 젤바흐
레귤러

착지
베이스나 토우 에지로 가볍게 착지하도록 한다.

실패 원인 및 해결책
너무 많이 돈다.
- 시선을 너무 빨리 반대쪽 트랜지션에 둔다.
- 팔이 로테이션을 멈추지 않는다.
- 테이크오프 후에 머리가 립 아래쪽을 보지 않고 착지 방향으로 너무 빨리 돌아간다.

스핀이 부족해 랜딩에 실패한다.
- 에어타임이 짧을 경우 자주 발생한다. 테이크오프 시 상체와 팔의 로테이션이 과하면 회전축이 무너지기 쉽다.

대체할 수 있는 변형 테크닉
리엔이나 스테일피쉬에 도전해 보자. 동작을 천천히 할 시간이 부족하기 때문에 노즈 그랩이나 테일 그랩은 어렵다.

04 하프파이프

BS 540°

BS 540°

technic 기술

일반 사항
BS 540°는 BS 360°와 움직이는 느낌이 전혀 다르다. BS 540°는 머리와 상체가 더 오랫동안 도는 느낌이 들며 회전축이 약간 기울어져 있어 비스듬히 회전하는 모습이 일품이다.

Halfpipe

테이크오프
먼저 립을 바라본다. 머리와 상체가 테일 방향으로 동시에 돌아야 한다. 테이크오프 후 정점에서 앉은 자세가 된다. 몸통이 회전하는 동안 뒤에 있는 팔을 빠르게 움직여 준다.

에어타임
뒤에 있는 팔의 팔꿈치를 하늘로 끌어올리듯이 세게 당긴다. 이렇게 하면 자세를 바로 잡을 수 있고 회전을 충분히 할 수 있게 된다. 이때 보드를 잡는다. 시선을 너무 오래 립에 두지 말고 뒤쪽 어깨로 옮긴다. 안정적인 회전을 하고 싶다면 허리를 착지 방향으로 세게 돌린다. 당기는 팔과 같은 쪽의 무릎을 낮추면 쉽게 할 수 있다.

착지
착지하기 직전에 앞쪽 다리를 당긴다. 상체가 보드 위에 오면 토우 에지로 착지한다. 시선은 트랜지션에 둔다.

레귤러
rider 얀 미카엘리스
location 부산, 미국
fotographer 다비드 젠바흐

실패 원인 및 해결책
회전이 충분히 이루어지지 않는다.
- 테이크오프 할 때 충분히 비틀지 않았거나 팔꿈치를 위로 덜 당겼다.
- 시선을 립에 너무 오래두거나, 어깨로 옮기지 않았다.
- 뒤에 있는 팔을 끝까지 당기지 않았다.

토우 에지로 착지하게 된다.
- 너무 적게 돌았다.
- 시선을 어깨 위에 두지 않았다.
- 뒤에 있는 팔을 마지막까지 당기지 않았다.

04 하프파이프

Alleyoop rodeo
알리웁 로데오

rider 팀립 슈트라우스
location 카드로나, 뉴질랜드
fotographer 다비드 젤라흐
구피

technic 기술

일반 사항
알리웁 로데오는 비교적 쉬운 540° 회전이다. 하지만 에징을 너무 강하게 하면 플랫에 떨어지기 쉬우므로 주의해야 한다. 에징이 과하면 그만큼 누르는 힘이 돌아와 몸을 튕겨내기 때문이다. 이를 방지하기 위해 벽을 타고 올라갈 때 가능한 에징을 주도록 한다. 이렇게 하면 공중에서도 산 쪽으로 이동하게 된다.

테이크오프
테이크오프 할 때 앞에 있는 다리를 세게 당긴다. 시선은 다리 사이의 파이프 안을 향한다. 전체적으로 테이크오프에서부터 몸을 웅크린 상태로 유지하는 것이 좋다.

Halfpipe

실패 원인 및 해결책
계속 플랫으로 떨어진다.
앞에서 언급했듯이 벽으로 가파르게 올라가지 않는 것이 중요하다. 또한 버티컬에서는 절대 다리를 뻗어서는 안 되고, 앞에 있는 다리를 당겨야 한다. 이 동작을 상상하기 힘들다면 초보자일 때 어떻게 서 있었는지 생각해 보자. 등으로 누워 발을 들어 배 위로 보드를 돌려 본다. 원리적으로는 이 동작과 비슷하다. 로데오에서는 최초 360° 회전 시 회전축이 기울어져 도는 것이 중요하다.

에어타임
공중에서 재빨리 테이크오프 지점을 찾는다. 360° 회전을 하면서 처음에는 벽을 보다가 다음에는 립을 바라보고, 그다음엔 랜딩존을 바라본다. 랜딩존이 보이는 즉시 앞으로 착지한다.

착지
다리를 구부린 상태로 산 쪽 에지로 착지한다.

04 하프파이프

MC twist
맥 트위스트

rider 리스토 마틸라
location 스노파크, 뉴질랜드
fotographer 다비드 젤빠호

레귤러

technic 기술

일반 사항
맥 트위스트는 포워드 플리핑(forward flipping) BS 540° 회전이다. 이 회전을 하기 위해서는 두 개의 회전축이 필요하다. 따라서 에어타임 동안에 두 번째 회전축으로 착지를 잘 준비해야 한다.

테이크오프
테이크오프에서는 BS 540°처럼 돈다. 상체는 테일 쪽을 향하게 하고 허리는 약간 구부린다. 이 포지션에서는 BS 방향으로 더 돌면 안 되고 보드만 머리 위로 올려야 한다는 점이 다르다. 따라서 앞에 있는 팔을 뒤에 있는 바인딩 쪽으로 뻗는다.

Halfpipe

착지
전형적인 방법대로 베이스를 이용해 착지한다. 중심축이 무너져 플랫폼에 떨어질 수도 있고, 너무 많이 돌아 배로 착지할 수도 있다.

실패 원인 및 해결책
착지 시 토우 에지로 파이프를 긁으며 미끄러진다.

이렇게 되었다면 애초부터 회전을 제대로 하지 못한 탓이다. 문제는 점프에 있다. 벽을 타고 올라가면서 데크의 진행 방향과 수직으로 점프해서는 안된다. 진행 방향으로 돌아야 한다. 수직으로 플립을 하게 되면 백 사이드 로테이션을 하지 못하고 플립에 치중하게 된다. 이렇게 되면 배럴롤 이라는 다른 트릭이 된다. 이 트릭은 맥 트위스트 만큼 멋있는 회전이 아니다.

더블 MC 트위스트

에어타임
테이크오프 후에는 허리를 회전축으로 하는 포워드 플리핑을 한다. 보드를 하늘로 들어올리며 앞돌기를 하면 된다. 이때 상체는 벽쪽을 바라보고 있으며 뮤트 그랩을 한다. 하늘과 바닥이 뒤집혀 보드가 하늘을 향해 정점에 이르렀을 때, 뒤에 있는 팔을 뻗어 뒤쪽 어깨를 향해 머리를 기울인다. 동시에 뮤트를 잡았던 쪽의 데크를 착지한 후에 진행 방향으로 돌린다. 이렇게 하면 몸을 축으로 하여 회전하는 백 사이드 턴을 하게 된다. 플립을 하는 동안 백 사이드가 함께 이루어짐을 잘 이해해야 한다. 파이프에 가까워지면 회전을 마무리하면서 내려간다.

04 하프파이프

FS 360°

FS 360°

rider 샤버 오프만
location 후드산 미국
fotographer 다비드 젤바흐

구피

technic 기술

일반 사항
FS 360°는 다른 FS 에어 계열의 트릭보다 로테이션을 적게 하는 편이지만 회전을 전반적으로 허리로 하면 멋있어 보인다.

테이크오프
테이크오프 시 먼저 상체가 진행 방향을 바라보도록 데크와 수직이 되게 돌린다. 이와 동시에 양발을 낮추어야 한다. 시선을 테일 쪽에 두면 회전을 할 수 없게 되므로, 진행 방향과 만나는 립에 시선을 두도록 한다.

에어타임
테이크오프 이후 상체를 먼저 돌려 계속 회전한다. 그리고 보드가 천천히 뒤따라오도록 하여 손으로 잡는다. 이렇게 하면 안정적인 자세가 된다. 회전은 느리지만 멈춘 것은 아니니 놀라지 않아도 된다. 에어타임이 꽤 길 경우에는 처음 에어 포지션을 잠깐 동안 유지하다가 최고점에 이르러서 허리가 뒤따라오게 할 수도 있다.

착지
시선을 착지점에 두고 힐 에지로 착지한다.

Halfpipe

실패 원인 및 해결책

너무 적게 돌게 된다.
- 너무 강하게 에징하여 점프한다.
- 지나치게 테일 쪽으로 점프한다.

너무 많이 돌게 된다.
- 허리가 뒤따라오지 않는다.
- 상체를 너무 빨리 회전한다.

대체할 수 있는 변형 테크닉
- 노즈 그랩 테일본
- 스테일피쉬

04 하프파이프

FS 540°　FS 540°

테이크오프
테이크오프 전에 먼저 상체를 힘껏 돌린다. 시선은 진행 방향과 만나는 립에 둔다.

에어타임
머리의 움직임이 중요하다. 립이나 플랫폼에 시선이 고정되는 대로 머리를 360°로 돌린 뒤, 최대한 빨리 같은 지점을 다시 찾아 응시하도록 한다. 회전하는 동안 그랩을 하면 몸이 저절로 같이 돌아가게 된다. 360° 회전이 잘 된다면 안정적인 착지를 하기에 충분하다.

일반 사항
파이프에서 회전이 끝난 후 본래 스탠스로 착지가 가능한 스핀 트릭은 FS 540°가 처음이었다. 360° 회전 후 스위치로 진행되기 전에 방향을 설정하는 것이 가능하다. 약간 비스듬하게 돌리면 테일 그랩을 하기에 적합하다. 그렇지 않을 때에는 리엔이나 뮤트를 하는 것이 더 낫다.

Halfpipe

레귤러

rider 얀 이마겔리스
location 제그우베, 오스트리아
fotographer 다비드 젬바흐

착지

완벽하게 착지하려면 몸의 위치를 잘 조정해야 하는데, 머리로 조정하는 것이 가장 쉽다. 착지하기 전, 회전이 끝나지 않았다면 트랜지션에 시선을 둔다. 보드가 정상 궤도를 그리고 있으면 설면과 접촉할 때까지 시선을 립에 두어야 한다는 사실을 잊어서는 안 된다.

실패 원인 및 해결책

착지할 때 축이 기울어진다.
- 회전하기 전에 시선을 고정하지 못했다.
- 머리를 회전축과 동일하게 회전하지 않아 360° 회전 전에 응시했던 지점을 회전 후에 찾지 못한 것이다.

대체할 수 있는 변형 테크닉
- 리엔
- 뮤트

04 하프파이프

FS 720° inverted
FS 720° 인버티드

테이크오프
상체를 먼저 힘껏 돌리고 팔은 옆으로 뻗는다. 시선은 바로 앞의 립을 향하게 하고 체중은 약간만 테일 쪽에 싣는다. 테이크오프에서 오래 기다릴수록, 점프가 테일 쪽으로 쏠릴수록 회전이 빨라진다.

에어타임
시선은 계속해서 립을 향하게 하고 앞에 있는 어깨의 살짝 위 또는 옆을 보도록 한다. 아래로 보드가 보이면 비스듬히 돌면 안 되고 반듯하게 돌아야 한다. 즉 몸 축이 아니라 허리 축을 이용해야 한다. 이때에는 인디 그랩을 하는 것이 가장 적절하다. 그랩을 하면서 뒤에 있는 어깨로 회전을 유지하며, 앞에 있는 손은 뻗은 채로 있어야 한다. 회전을 하는 동안 립이 시야에서 벗어나면 안 된다. 약 360° 이후에는 시선이 립을 지나 하늘을 향하게 된다(얼마나 기울어져 회전을 하느냐에 따라 달라질 수 있다). 그 순간 앞에 있는 손을 세게 뒤로 뻗으며 최대한 빨리 다리 사이로 파이프를 보도록 한다. 360° 이후에 보드를 잡은 손에 시선을 고정하면 도움이 될 것이다. 즉 잠깐 동안 보드를 잡은 손을 보다가 바로 다리 사이로 파이프를 보아야 한다.

일반 사항
FS 720° 인버티드를 돌리면 정석대로 FS 720°를 돌 때와 비교해 회전축을 다르게 해야 한다. 처음에는 속도가 빠르면 회전할 수 없다. 데크로 안전하게 착지하기 위해서는 트릭을 구사하는 도중에 필요한 중요 동작을 익혀야 한다.

technic 기술

Halfpipe

rider 크리스토프 슈미츠
location 제그우베, 오스트리아
fotographer 다비드 젤바코

레귤러

착지
착지하기 직전에 그랩한 손을 놓는다. 빨리 놓으면 보드가 마지막에 빠르게 회전하게 되니 충분히 회전했다고 생각할 때 놓아야 한다. 안정적이고 유연하게 움직인다면 트릭은 아주 멋있어 보인다.

실패 원인 및 해결책
공중 동작이 어렵다.
트릭을 머릿속으로 그려본다. 눈 위에서 부분 연습을 해 볼 수도 있다.
트릭을 다 돌기 충분한 높이까지 올라간 것 같은데 마지막에 더 돌지 못하고 600°에서 엉덩이로 떨어졌다.
처음 360°를 돈 후 공중에 있을 때 머리 위에 립이 있다. 여기에서부터는 립이 시야에서 벗어난다. 이때는 팔을 뒤로 뻗고 머리를 앞으로 숙여야 한다.

04 하프파이프

FS 720° straight

FS 720° 스트레이트

테이크오프
테이크오프 하기 전에 먼저 상체를 힘껏 돌린다. 시선은 앞쪽에 있는 립을 향한다. 테이크오프 할 때는 주로 팔과 상체로 회전해야 한다.

에어타임
테이크오프 직후에 상체를 비틀고 보드와 다리는 로테이션 하는 동안에 거의 회전축을 벗어나지 않는다. 시선은 계속해서 립에 머물러 있어야 하고 무릎을 접으며 보드를 끌어올려 손으로 가져간다. 비틀었던 상체와 다리가 다시 제 위치로 돌아오면 머리를 360° 돌리고 눈앞에 있는 립을 바라본다. 360°에 진입하기도 전에 보드가 손에 들어온다면 공중에서 몸을 과하게 구부린건 아닌지 자신의 동작을 살펴야 한다. 360° 회전을 안정적으로 마치고, 시선을 궤도와 만나는 립에 둘 수 있다면 착지하기까지의 시간과 거리를 가늠해 볼 수 있다. 이제는 립을 지나 아래쪽의 착지점을 바라보도록 한다. 그리고 마지막 180°를 위해 앞에 있는 다리를 다시 한번 힘껏 뒤로 당겨 보드를 돌린다. 그랩을 풀었다면 약간 더 빨리 돈다.

일반 사항
FS 720°에서도 테이프오프 후 180°를 돌아 360°를 준비하고 360° 회전이 끝난 후에 시선을 다른 곳으로 옮겨야 한다. 시선을 옮긴 즉시 계속해서 나머지 180°를 돈다.

Halfpipe

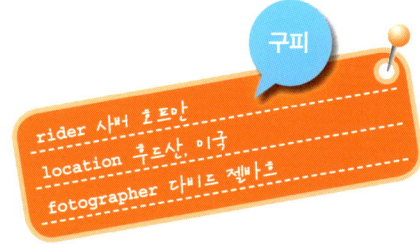

rider 샤버 호프만
location 후드산 미국
fotographer 다비드 젤바프

착지
로테이션을 멈추기 위해 팔을 좌우로 뻗는다. 그리고 곧바로 에지로 진행하며 시선은 맞은편의 트랜지션을 향하게 한다.

실패 원인 및 해결책
회전축이 기울어진다.
- 공중에서 공간과 위치를 컨트롤하지 못한 것이다. 다시 한 번 시선이 올바른 곳에 있는지 점검한다.
- 로테이션을 하는 동안 아래쪽의 파이프를 바라보면 몸은 저절로 따라가게 된다. 머리를 양쪽 어깨 사이에 두고 똑바로 회전한다.
- 손을 너무 빨리 보드로 가져간 것이다. 허리를 굽히지 않고 보드를 손으로 가져오는 것이 훨씬 쉽다. 이렇게 하면 상체는 올바른 축을 유지하게 된다.

대체할 수 있는 변형 테크닉
인버티드 720°

04 하프파이프

Cap 360° 캡 360°

technic 기술

일반 사항
캡 360°는 하프파이프에서 처음으로 시도된 스위치 트릭이다. 즉, SW 360°와 같은 뜻으로 파이프 용어이며, 스위치 드롭인에 비해 매우 어려운 기술이다. 연습에 앞서 FS 360°를 실행한 후 안전하게 착지할 수 있다면, 기술 진입이 더 쉬워지고 캡 360°를 준비하는 데 도움이 될 것이다.

테이크오프
테이크오프를 할 때 먼저 상체와 보드가 90° 정도 각도를 이루도록 힘껏 돌린다. 시선은 아래쪽 앞에 있는 립을 향한 뒤 양다리를 동시에 낮춰야 한다. 스위치 노즈에 무게를 너무 많이 실어서 활강하면 회전을 할 수 없다.

에어타임
테이크오프 이후 상체를 먼저 돌려 계속 회전한다. 보드는 천천히 뒤따라오도록 하고 손 안에서 미끄러지게 하면 안정적으로 보일 수 있다. 캡 360°에서는 뮤트 그랩이 가장 쉽다. 움직일 수 있는 앞쪽 손을 당겨 회전 방향인 뒤로 뻗는다. 에어타임이 길 경우에는 먼저 돌기 시작한 포지션을 얼마동안 유지하다가 최고점에 이르면 허리를 돌리기 시작한다.

착지
시선은 착지점을 향하게 하고 힐 에지로 착지한다.

Halfpipe

실패 원인 및 해결책

너무 적게 회전한다.
- 에지로 너무 세게 점프했기 때문에 충분히 회전할 수 없다. 진입할 때는 에지를 가볍게 사용하도록 한다.

너무 많이 회전한다.
- 허리가 뒤따라오지 않는다.
- 상체를 너무 빨리 돌린다.

레귤러

rider 빈첸츠 키프스
location 스노파크, 뉴질랜드
fotographer 다비드 젬바호

04 하프파이프

Haakon 720°
호콘 720°

Halfpipe

레귤러

rider 얀 이미렌스
location 스노파크, 뉴질랜드
fotographer 다비드 젠바흐

에어타임

방향을 조정하는 것이 중요하다. 파이프 안에 시선을 두어야 하며, 테일 쪽으로 약간 몸을 기울이며 앞쪽 어깨를 열어 앞쪽 가슴과 허리가 개방되어야 한다. 공중에 뜨는 즉시 뒤에 있는 무릎을 이용해 보드를 손 쪽으로 가져온다. 그런 다음 몸을 웅크려 빠르게 회전한다. 이와 동시에 시선은 계속 앞쪽 어깨 위에 두도록 한다. 첫 360°를 끝내고 립이 시야에 들어오면 절대 놓쳐서는 안 된다. 앞에 있는 손을 회전 방향으로 세게 당긴다. 그다음 360°는 반듯하게 돌아야 한다. 그렇지 않으면 다리로 착지할 수 없게 된다.

착지

시선을 착지점에 두고 힐 에지로 착지한다.

실패 원인 및 해결책

공중에서 비스듬히 회전하고 뒤쪽으로 1/4 바퀴 빠르게 착지하게 된다.

마지막 360°를 반듯하게 돌지 못했기 때문에 발생한 일이다. 다음에는 머리로 회전을 조정하는 것과 립에 시선을 두는 것에 더욱 유의해 보도록 한다.

대체할 수 있는 변형 테크닉

테일 그랩

technic 기술

일반 사항

호콘 720°의 정식적인 기술 명칭은 캡 720°이지만 창시자 테르에 호콘(Terje Haakon)의 이름을 그대로 붙였다. 처음 360°는 비스듬히 돌고 다음 360°는 마지막에 착지할 때까지 보드를 반듯하게 돌린다. 회전축이 빠르게 돌기 적절하기 때문에 이 트릭에서 720°를 도는 것은 아주 쉽다. 무엇보다 중요한 것은 스위치로 진입해야 한다는 것이다.

테이크오프

테이크오프 할 때 먼저 상체를 보드에 90° 정도가 되도록 힘껏 돌린다. 시선은 우측 어깨 위의 파이프 안을 향하며 양 다리를 동시에 낮춘다. 스위치 노즈에 지나치게 무게를 실어 활강하면 회전을 할 수 없다.

04 하프파이프

Pipesurfing
파이프 서핑

Halfpipe

레귤러

rider 알렉스 로프만
location 사스피, 스위스
fotographer 다비트 젬파흐

2006년 토리노 동계올림픽은 스노보더들의 기억에 오랫동안 남을 올림픽이었다. 숀 화이트가 하프파이프 결승에서 첫 금메달을 획득한 올림픽이기 때문이다. 두 번째 결승전이 시작되었을 때 그의 우승은 이미 예정되어 있었다고 한다. 그럼에도 불구하고 수많은 관중들은 그가 무엇을 선보일지 흥미진진하게 지켜보았다.

그는 자신이 최고라는 것을 증명해 보이려고 했을까, 아니면 파이프에 자신의 승리를 자축하는 세레모니를 펼쳐 보인 것이었을까? 둘 다 아니다. 그는 우리에게 스노보드의 기본이 무엇인지 보여 주었고 서핑하는 것처럼 FS 벽을 탔다. 경기에 참가했던 모든 라이더들이 감탄했으며 동시에 그 모습에 사로잡혔다. 그는 파이프 서핑을 통해 라이더들의 존경의 대상이 되었으며, 그가 이루어 낸 업적을 누구도 시기하지 않았다. 누구나 파이프 서핑을 경험할 수 있다. 시간적 여유도 없고 배울 곳도 많지 않기 때문에 에지 대신 베이스를 타고 벽을 오르기 위한 기본 테크닉을 배우기는 쉽지 않다. 하지만 단지 즐거움을 위해 할 수 있는 연습으로 파이프 서핑은 더할 나위 없이 좋다.

일반 에어를 한 다음에 착지를 하면 벽 아래쪽으로 미끄러져 내려간다. 트랜지션을 지나 바로 할 수 있는 토우 턴을 한 후 다시 카빙으로 FS 벽을 올라가 보자. 뉴트럴 포지션으로 파이프에 올라가려면 올라가는 동안 상체를 최대한 반듯하게 세워야 한다는 점에 유의하도록 한다. 처음에는 타이밍을 조절하는 것이 조금 어려울 수 있지만 곧 능숙해질 것이다. 카빙턴에 익숙해지면 그 즐거움을 만끽할 수 있다. 그럼 즐거운 서핑이 되기를 바란다.

기초

레일과 박스에서 연습하는 것은 무엇보다 힘들다. 이는 보드보다는 거의 스케이트를 타는 것과 비슷하다고 할 수 있다. 처음 타는 레일이나 박스는 먼저 매우 꼼꼼히 살펴야 한다. 잘 고정되어 있는지, 철 부분이 튀어나오거나 용접한 부분이 돌출된 곳은 없는지 확인해야 한다.

레일과 박스에서 올바른 자세

무게 중심은 계속해서 보드 위에 있어야 한다. 이 말은 휘거나 구부러진 박스에서는 상체로 컨트롤하며 박스의 형태를 그대로 따라가야 한다는 것이다.

박스의 표면은 미끄러워서 회전에 필요한 충분한 마찰력이 생기지 않기 때문에 많은 트릭에서 반대 회전을 해야 한다. 따라서 허리와 팔의 움직임이 아주 정확하게 이루어져야 한다.

트릭을 할 때에는 무엇보다 타이밍에 신경을 써야 한다. 천천히 안정적으로만 한다면 모든 것이 멋있어 보일 것이다. 마지막으로 중요한 것은 얼마나 회전했는지가 아니라 얼마나 개성 있게 해냈느냐 하는 것이며, 또 그것을 해냈다는 성공 그 자체이다.

테크닉

레일과 박스 부분에서는 트릭을 다음과 같이 나누었다.

어프로치

레일과 박스를 타고 착지할 때까지의 중요한 동작은 모두 설명되어 있다.

박스 밀기

이 부분에서는 레일과 박스에서의 동작에 대해 설명했다. 박스와 접촉해 있을 때는 미끄러져 내려가는 중이므로 무게 중심만 잘 잡으면 된다. 따라서 많은 내용을 차지하지는 않는다. 때로 미끄러져 내려가는 동안 로테이션을 할 수도 있기 때문에 그 과정은 따로 설명하였다.

랜딩

여기에는 레일과 박스에서 점프할 때 동작에 대한 설명이 나와 있다.

많은 테크닉 설명에서 '휘어진' 부분이 나온다. 대부분의 동작이 휘어진 레일과 박스의 뒤틀린 부분 앞에서 이루어져야 하기 때문에 그에 대한 설명을 수록하였다.

photo : Alex Rottmann

05 | 레일과 박스
Rails & Boxes

05 레일과 박스

50/50 Beginnerbox

50/50 비기너 박스

technic 기술

일반 사항
50/50은 레일에서 가장 쉬운 트릭이다. 박스 위를 직진으로 지나기만 하면 된다. 경사가 완만한 스트레이트 박스를 찾아 멋지게 내려오도록 하자.

어프로치
양 팔을 옆으로 뻗고 시선은 박스를 바라본다. 다리는 가볍게 구부린다.

박스 밀기
박스에서는 특별한 동작을 하지 않는다. 박스를 빠져나오기 시작할 때까지 움직이지 않도록 한다. 착지할 때 충격을 줄이기 위해서 다리를 뻗으면 된다.

랜딩
착지가 안정되도록 몇 미터 정도 직진으로 간다.

실패 원인 및 해결책
박스에서 옆으로 미끄러져 내려온다.
- 진입할 때 보드를 정확하게 직진이 되도록 조정하지 못했거나 속도가 너무 느렸기 때문이다.
- 절대 박스에 온 힘을 쏟지 말아야 한다. 방향을 바꾸어야 하는 곳은 없다.

Rails & Boxes

rider 안드레 쿤만
location 스노파크 뉴질랜드
fotographer 다비드 젠바흐

구피

대체할 수 있는 변형 테크닉

50/50을 안정적으로 잘 할 수 있게 되었다면 박스에서 알리로 점프해 볼 수 있다.

05 레일과 박스

BS boardslide
KL. straightbox

BS 보드슬라이드
(작은 스트레이트 박스)

technic 기술

일반 사항
BS 보드슬라이드는 로테이션 동작을 실시하는 첫 번째 트릭이다. 하지만 로테이션을 정확하게 하는 것이 아니라 앞으로 돌았다가 다시 되돌아오기 때문에 팔과 머리를 정확하게 움직이는 것이 중요하다.

어프로치
박스를 타는 동안 앞쪽 손을 노즈에서 힐에지 방향으로 뻗는다. 상체는 가만히 있어야 한다. 동시에 뒤에 있는 다리를 앞쪽의 어깨 방향으로 당긴다. 이렇게 하면 상체가 꼬이게 되는데 이것이 BS 보드슬라이드의 기본자세이다.

박스 밀기
이 포지션에서는 쉽게 박스를 탈 수 있다. 앞에 있는 팔을 이용해 균형을 유지해도 된다. 착지하기 직전에 꼬인 자세를 다시 풀어 준다.

랜딩
박스의 끝이 하나의 막대라고 생각하면 쉽다. 앞에 있는 손으로 막대를 밀어 힐 사이드로 진행한다고 생각해 보자. 다리가 저절로 진행 방향으로 회전하게 될 것이다. 진행 방향으로 착지하고 다리를 펴서 충격을 줄인다.

Rails & Boxes

구피

rider 안드레 쿤안
location 스노파크, 뉴질랜드
fotographer 다비드 젠나호

실패 원인 및 해결책

힐 에지로 미끄러진다.
박스에서 도약할 때 다리를 너무 앞에 두기 때문이다. 따라서 상체를 먼저 가져오도록 한다. 슬로프에서와는 달리 에지로 가는 것을 두려워할 필요가 없다. 반대로 약간 뒤처져 있다면 보드의 에지로 가속도가 붙도록 하고, 보드를 눕힌다.

진행 방향의 90°로 착지하게 된다.
앞에 있는 팔을 토우 사이드 쪽으로 많이 밀지 않거나 착지할 때 빠르고 충분하게 되돌아오지 않기 때문이다. 랜딩에서 상체를 반듯하게 세우고 다리를 약간 뻗으면 도움이 될 것이다. 허리를 세우면 회전이 빨라진다는 것을 잊지 말자.

05 레일과 박스

BS boardslide to fakie
KL. straightbox

BS 보드슬라이드 to 페이키
(작은 스트레이트 박스)

technic 기술

일반 사항
BS 보드슬라이드에서 페이키로 연결하는 트릭 중 스위치로 착지하는 기술로서는 처음 선보였던 기술이다. 제대로 된 회전을 해야 하기 때문에 어프로치가 중요하다.

어프로치
진입할 때 상체를 박스 방향으로 돌린다. 그렇게 하면 박스에서 점프할 때 올바른 포지션이 되는데 다리를 다시 90°로 돌려야 한다.

박스 밀기
박스에서는 큰 움직임 없이 진행한다. 앞에 있는 손은 노즈 방향에 있어야 하는데 테일이 앞으로 오도록 약간 뒤로 당긴다. 나머지 90°를 돌기 위해서는 머리만 사용해도 충분하다. 슬라이드를 진행하다가 박스의 끝에 이르면 랜딩하기 직전에 노즈가 있는 면이 박스에 닿아 있는 것이 좋다.

Rails & Boxes

rider 안드레 쿤안
location 스노파크, 뉴질랜드
fotographer 다비드 젠바흐

랜딩

응시하고 있는 지점을 지나는 대로 뒤에 있는 손을 재빨리 같은 방향으로 민다. 시선은 계속해서 같은 지점을 향하게 한다. 착지할 때 다리를 뻗어 충격을 줄인다.

실패 원인 및 해결책

스위치로 착지하지 못했다.
- 로테이션이 충분하지 않다.
- 어프로치에서 약간의 로테이션을 해야 한다. 박스에 와서 상체와 보드를 돌리면 회전 시간이 부족하다.
- 시선이 착지점에 있기 때문이다. 어프로치 이후 시선을 박스의 끝에 두지 않다가 나중에 보았기 때문에 머리로 로테이션 할 수 없다.

05 레일과 박스

rider 필립 슈트라우스
location 스노파크, 뉴질랜드
fotographer 데이비드 젝카호

구피

FS boardslide
KL. straightbox

FS 보드슬라이드
(작은 스트레이트 박스)

Rails & Boxes

technic 기술

일반 사항
FS 보드슬라이드를 할 때에는 가상 로테이션을 하는데, 이는 상체와 하체를 서로 반대 방향으로 비트는 것이다. 이는 사실 BS 보드슬라이드보다 더 어렵다. 데크를 BS로 돌리면서 상체는 FS로 돌려야 한다. 시선은 앞쪽 어깨 아래를 지나 착지점을 향하게 한다. 주의해야 할 점은 상체를 구부린 자세로 있기 어렵더라도 랜딩할 때까지 보드 위에 있도록 유지해야 한다는 것이다. 그렇지 않으면 힐 에지로 미끄러지기 쉽다.

어프로치
데크를 90° 정도 BS로 돌리는 동안 상체를 옆으로 기울게 하여 착지점을 계속해서 바라본다. 또한 뒤에 있는 손을 노즈 쪽으로 밀고, 앞에 있는 손은 테일 쪽으로 밀도록 한다. 계속해서 앞쪽 어깨 아래로 착지점을 내려다본다.

박스 밀기
슬라이드 하는 동안 가만히 있어야 한다.

랜딩
다시 진행 방향으로 착지하려면 꼬인 몸을 풀어야 한다. 팔과 몸을 진행 방향으로 다시 돌리는 것이 가장 쉽다. 랜딩한 때까지 착지점을 바라보아야 하기 때문에 눈으로 바라보면서 테일로 착지하는 것이 좋다. 랜딩할 때 상체를 반듯하게 세우고 다리를 뻗으면 착지를 더 잘 할 수 있다.

실패 원인 및 해결책
스위치로 착지하게 된다.
어프로치에서 상체를 먼저 세게 돌려야 한다.
계속 힐 에지로 미끄러진다.
먼저 상체를 힘껏 돌리면서 숙인다. 문제는 보드가 아니다. 어프로치 시 등을 약간 뒤로 하고 미끄러져 보자. 그렇게 하면 베이스로 착지하게 되고 보드가 중심에 있게 된다.
어프로치 시 박스 뒤쪽에서 테일로 착지하게 된다.
착지할 때 보드가 돌아가지 않도록 하고, 어프로치 시 기물에서 약간 떨어져 진행해 보자.

05 레일과 박스

FS boardslide to fakie
KL. straightbox

FS 보드슬라이드 to 페이키
(작은 스트레이트 박스)

technic 기술

일반 사항
FS 보드슬라이드 투 페이키는 착지하기가 어렵다. 박스 끝 부분의 상황을 예측하거나 페이키로 착지하기 위해 상체를 적절한 타이밍에 돌리는 것은 쉬운 일이 아니다.

어프로치
앞 페이지의 FS 보드슬라이드 참조

박스 밀기
앞 페이지의 FS 보드슬라이드 참조

랜딩
테이크오프 바로 전에 시선을 돌려 박스에서 몸 앞쪽을 바라본다. 이때 팔은 노즈와 테일 위에 오도록 상체 옆으로 뻗는다. 보드는 착지점과의 각도를 90°로 유지하면서 미끄러진다. 여기에서 반대 회전을 시작한다. 페이키로 착지하기 위해 보드를 90° 정도 돌리고 팔을 반대 방향으로 살짝 돌린다. 착지할 때에는 다시 박스를 바라본다.

Rails & Boxes

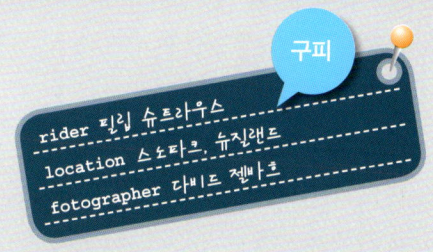

rider 필립 슈트라우스
location 스노타크, 뉴질랜드
fotographer 다비드 젠바흐

실패 원인 및 해결책
스위치로 착지할 만큼 충분히 회전하지 못한다.
랜딩할 때 알맞은 시점에 뉴트럴 포지션으로 바꾸기 시작해야 한다. 그 후에 나머지 90° 회전을 할 수 있다.

대체할 수 있는 변형 테크닉
회전을 하며 FS 보드슬라이드나 BS 보드슬라이드에서 페이키를 하기 위해서는 어프로치에서 확실하게 도약해야 하며, 상체를 회전 방향과 반대로 비틀어서는 안 된다. 그렇게 되면 착지점을 볼 수 없으며 더 많이 돌게 된다. 어떤 경우에도 박스에 대해 잘 알고 있어야 하는데, 그래야 타이밍을 잘 조절할 수 있다.

05 레일과 박스

BS boardslide to fakie
Rainbowbox

BS 보드슬라이드 to 페이키
(레인보우 박스)

Rails & Boxes

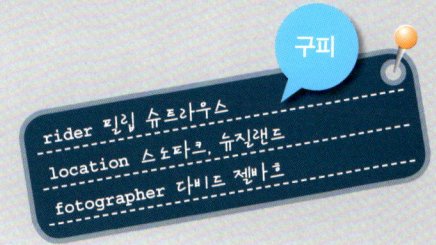

rider 필립 슈트라우스
location 스노타크, 뉴질랜드
fotographer 다비드 젤바흐

technic 기술

일반 사항

레인보우 박스에서 BS 보드슬라이드를 하는 것은 스트레이트 박스에서 하는 것처럼 하면 된다. 다음 세 가지에 유의하자.

1. 먼저 50/50으로 활강하여 박스에서 BS 보드슬라이드로 회전한다.
2. 박스 모양대로 중간까지 보드의 속도를 늦추다가 다시 속도를 빠르게 해야 하며, 상체를 이용해 균형을 잡는다. 보드가 계속해서 베이스로 미끄러져야 한다는 것에 유의한다.
3. 박스 커브에 따라 양다리로 균형을 잡는다. 가장 높은 지점까지는 무릎을 구부리고 가다가 다리를 뻗는다.

05 레일과 박스

BS boardslide to fakie kinked box

BS 보드슬라이드 to 페이키
(킨크 박스)

Rails & Boxes

rider 틸링 슈트라우스
location 스노파크 뉴질랜드
fotographer 다비드 젠바흐

구피

technic 기술

일반 사항

이 트릭은 스트레이트 박스와 같이 하면 된다. 휘어진 부분에 이르면 즉시 무릎을 살짝 옆으로 돌리고 상체를 반듯하게 편다. 여기에서부터 빠르게 진행되므로 랜딩을 잘 준비해야 한다.

05 레일과 박스

BS 보드슬라이드 to 페이키 (수직 커브 박스)

BS boardslide to fakie
vertical curved box

Rails & Boxes

rider 필립 슈트라우스
location 스노파크, 뉴질랜드
fotographer 다비드 젠바흐

구피

technic 기술

일반 사항

굴곡진 곳에서 다리를 이용해 균형을 잡아야 한다. 시선은 계속해서 박스의 끝 부분에 고정한다.

05 레일과 박스

technic 기술

일반 사항

커브 박스는 항상 작게 보겐(bogen, 다리를 A자 모양으로 벌린 채 경사면을 회전하면서 내려가는 것)으로 진입해야 한다. 진입할 때 어느 쪽 에지를 사용하는지를 보면 그 박스에서 어떤 트릭을 구사할지 예측할 수 있다.
진입하는 지점에 서서 볼 때 박스가 오른쪽으로 돌아가는 것처럼 보이는 박스를 'R 커브 박스'라고 한다. 왼쪽을 가리키고 있으면 'L 커브 박스' 라고 한다.

특이사항

기술의 성패를 결정짓는 요소는 속도이다. 커브 반경에 따라 속도를 자전거를 타듯이 조절해야 한다. 그렇지 않으면 커브 안쪽 또는 바깥쪽으로 떨어지게 된다.

FS 보드슬라이드 to 페이키 (커브 박스)

FS boardslide to fakie
curved box

Rails & Boxes

구피

rider 토비 슈프라우스
location 스노파크, 뉴질랜드
fotographer 다비드 젠바흐

05 레일과 박스

Nosepress tailpop
KL. straightbox

노즈프레스 테일팝
(작은 스트레이트 박스)

Rails & Boxes

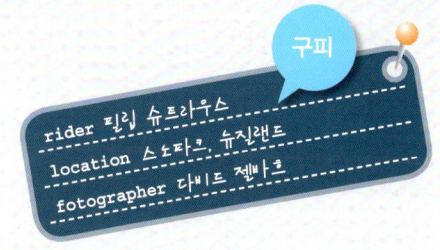

rider 틸리 슈트라우스
location 스노파크, 뉴질랜드
fotographer 다비드 젠바르

technic 기술

일반 사항
멋있으면서도 쉬운 트릭이다.

어프로치
50/50처럼 진입한다. 박스에 접촉하는 순간 체중을 앞발에 싣는다.

박스 밀기
어깨와 상체를 최대한 자연스럽게 하고 보드와 같은 방향을 유지하도록 한다. 체중은 완전히 앞발에 실어야 하는데 뒤에 있는 다리로 살짝 테일을 들 수도 있다. 박스의 끝 부분에 닿기 직전에 몸을 살짝 낮추고 재빨리 체중을 뒷발로 옮긴다. 하중을 빠르게 옮기면서 테일을 내린다. 이때 보드가 세게 휘어지는데 이 텐션을 이용해 알리를 시도한다.

랜딩
공중에서는 다리를 당긴다. 정말 멋지게 보이고 싶다면 그랩을 해 보자. 착지하기 직전에는 다시 다리를 뻗어 충격이 완화되도록 한다.

143

05 레일과 박스

Nollie to FS boardslide
널리 to FS 보드슬라이드

Rails & Boxes

technic 기술

FS 보드슬라이드(130p) 참조

특별 조언

취향대로 하고 싶은 곳에서 알리나 널리를 할 수 있다. 하지만 레인보우 박스의 후반부에 착지하는 것이 좋다.
먼저 50/50으로 박스에 진입한다. 박스에 노즈가 닿으면 널리를 한다. 바로 점프를 하면 회전하기 위해 몸을 낮출 필요가 없다. 공중에서 FS 보드슬라이드를 준비한다. 착지할 때 박스에 진입하는 것에 집중한다.

구피
rider 필립 슈트라우스
location 스노파크, 뉴질랜드
fotographer 다비드 젠바흐

05 레일과 박스

BS tailslide 270° out
KL. straightbox

BS 테일슬라이드 270° 아웃
(작은 스트레이트 박스)

technic 기술

일반 사항
박스에서 로테이션은 기본적으로 랜딩 할 때의 스핀과 비슷하다. 이때 중요한 것은 깔끔하게 회전축 안에서 회전하려면 몸에 긴장감이 유지되어야 한다는 것이다. 쭉 뻗은 팔로 회전축이 보드 중앙이 아닌 노즈나 테일을 지나도록 로테이션 해야 한다.

어프로치
어프로치에서 알리로 뛰어 BS 보드슬라이드로 점프한다.

에어타임
점프 중에 회전을 하기 때문에 길게 스트레이트로 슬라이딩 할 수 없다. 앞에 있는 손을 힘차게 회전 방향으로 당기고 시선은 박스를 향하게 한다. 그러면 오히려 뒤로 미끄러지는 것처럼 느껴지게 된다. 박스가 아닌 테일에 중심을 두면 회전 중 뒷발에 무게를 계속해서 실을 수 있다. 회전 속도를 박스 길이에 맞게 조절해 보자. 박스가 길어질수록 270°를 돌 수 있는 시간도 길어진다.

랜딩
랜딩은 몸을 약간 더 낮추고 다리를 당겨야 한다. 시선은 착지하는 방향을 바라본다. 박스에서 점프한 후 나머지는 회전으로 마무리한다.

실패 원인 및 해결책
무게가 뒤에 있는 발에 실려 박스에서 미끄러지게 된다.
어프로치 시 더 테일 쪽으로 착지하도록 해 보자. 보드는 최소한 뒤에 있는 바인딩이 박스에 놓여 있어야 한다.
270°를 완전히 돌지 못 한다.
BS 보드슬라이드에 진입할 때 멀리 뛰지 않는다는 것을 생각하고 있어야 한다. BS 보드슬라이드는 트릭에서 짧은 중간 과정에 불과하다. 360° 점프를 하는데 90°에서 착지하여 나머지 회전은 땅에서 한다고 생각하면 도움이 될 것이다.

Rails & Boxes

구피

rider 필립 슈트라우스
location 스노파크, 뉴질랜드
fotographer 다비드 젬파흐

05 레일과 박스

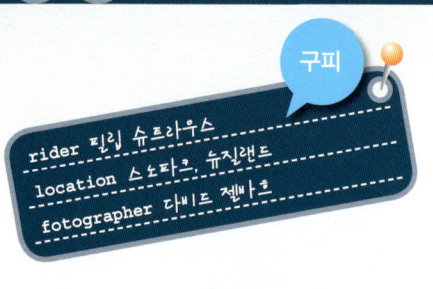

rider 필립 슈트라우스
location 스노파크, 뉴질랜드
fotographer 데비드 젠바흐

구피

technic 기술

일반 사항

이 트릭은 일반 FS 테일슬라이드를 스위치로 하면 된다. 즐겁게 시도해 보자!

SW tailslide 270° out
KL. straightbox

SW 테일슬라이드 270° 아웃
(작은 스트레이트 박스)

Rails & Boxes

05 레일과 박스

technic 기술

일반 사항
FS 테일슬라이드는 FS 보드슬라이드를 커브 박스에서 시도하는 것이다. 한 가지 다른 점은 무게를 테일에 실어야 한다는 점이다.

어프로치
여기에서는 다시 270° 회전을 해야 하기 때문에 일반 보드슬라이드에서보다 로테이션을 많이 해야 한다.

박스 밀기
박스에 착지하는 대로 하중을 완전히 테일 쪽에 싣고 뒤에 있는 손을 회전 방향으로 당긴다. 이때 시선은 아래쪽의 박스를 향하게 한다. 박스의 모양이 회전하는 데 도움이 될 것이다.

랜딩
앞에서처럼 다리를 당기고 시선은 회전이 끝날 때까지 착지점을 바라보도록 하여 착지한다.

FS tailslide BS 270° out
curved box

FS 테일슬라이드 BS 270° 아웃
(커브 박스)

Rails & Boxes

실패 원인 및 해결책

토우 에지로 미끄러지게 된다.
어프로치에서 에징이 너무 심했기 때문이다. 이로 인해 상체가 많이 구부러져 자연스럽게 베이스로 착지할 수 없게 된다. 반듯한 방향으로 살짝 낮춰 보자.

하중을 테일에 실으면서부터 박스 옆으로 미끄러지게 된다.
테일이 박스에 있지 않기 때문에 미끄러진다. 박스에서 이탈하지 않으려면 속도가 더 빨라야 한다. 커브 박스에서는 자전거를 타는 것처럼 하면 된다.

구피

rider 토비 슈트라우스
location 스노파크, 뉴질랜드
fotographer 다비트 젠바흐

05 레일과 박스

SW noseslide to FS boardslide

SW 노즈슬라이드 to FS 보드슬라이드
(킨크 박스)

Rails & Boxes

구피

rider 필립 슈트라우스
location 스노타크, 뉴질랜드
fotographer 대비트 제바흐

휘어진 곳
스위치 노즈슬라이드로 보드에 최대한의 텐션을 준다. 몸을 낮추어 이 텐션을 180° 회전을 하는 데 사용할 수 있다. 착지할 때 이 포지션을 다시 풀어야 하기 때문에 반대로 회전이 된다. 팔은 살짝 옆으로 다리는 다른 방향으로 돌린다. 허리만 돌리도록 하고 상체는 이전과 같은 포지션에 머무르도록 해 보자. 시선은 박스의 끝을 향하도록 한다.

technic 기술

일반 사항
이 트릭은 휘어진 부분을 지나 회전할 시간이 충분하기 때문에 휘어진 박스에서 시도하기에 좋다.

어프로치
스위치로 활강하여 BS 보드슬라이드로 점프하고 박스에 스위치 노즈(테일)로 착지한다. 하중은 완전히 앞발에 싣는다(구피-왼발, 레귤러-오른발). 팔은 자연스럽게 양쪽으로 뻗고 시선은 휘어진 곳을 응시한다.

랜딩
박스의 끝에 이르면 꼬인 몸을 다시 풀고 앞쪽 진행 방향으로 착지한다.

05 레일과 박스

BS 270° to 270° out
KL. straightbox

BS 270° to 270° 아웃
(작은 스트레이트 박스)

위의 기술을 설명하기 위한 사진이다. 트릭에 필요한 것을 모두 나타내지는 못했다. 이 기술을 시도하기 위해서는 슬로프와 작은 키커에서 360°와 540°를 능숙하게 할 수 있어야 한다.

Rails & Boxes

rider 틸리 슈트라우스
location 스노파크, 뉴질랜드
fotographer 다비드 젠바흐

구피

05 레일과 박스

가장자리에서의 노하우

두 번의 270° 사이의 박스에서 잠깐 멈출 때 시선은 박스에 고정하고 포지션이 정확한지 체크한다.

FS 270° to FS boardslide 270° out.
KL. straightbox

FS 270° to FS 보드슬라이드 270° 아웃
(작은 스트레이트 박스)

Rails & Boxes

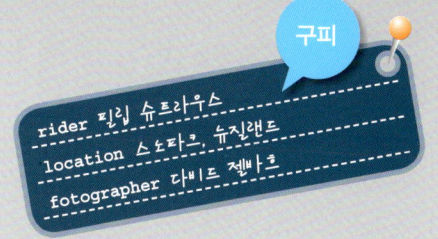

rider 필립 슈트라우스
location 스노파크, 뉴질랜드
fotographer 다비드 젤바흐

Nici Pederzolli

보드를 타며 오래전부터 프리스타일 스노보드에 대한 책을 써야겠다고 생각했다. 그리고 이제야 그 생각을 실천에 옮기게 되었다. 왜 내가 직접 트릭을 선보이지 못했는지 궁금해 하는 사람도 있을 것이다. 그건 지금 내 사랑하는 아들 파비오가 배 속에 있기 때문이다. 스노보더들을 위한 책까지 마련하게 되었으니 나는 이 겨울, 더욱 행복하다.

니시 페더촐리

photo : Alex Rottmann

06 | 이 책을 마치며
Last but not least

06 이 책을 마치며
Nici Pederzolli 니시 페더촐리

출생. 1974
거주. 오스트리아 인스부르크

스노보드 경력. 1989년부터
스노보드 프로 활동. 1992~2004
특기. 하프파이프, 빅에어, 보더크로스

스포츠 분야 수상
FIS 2003 바이즈 하프파이프 세계 선수권 대회
FIS 2001·2003 하프파이프 월드컵 전체 1위
2002 솔트레이크시티 동계 올림픽 하프파이프 종목 7위
1998 나가노 동계 올림픽 하프파이프 9위
ISF 보더크로스 및 하프파이프 우승
1999, 2001 에어 & 스타일 2위
1997·1999 soulwoman

경력
1992 고등학교 졸업
인스부르크 대학에서 스포츠학-경기 스포츠 전공
국가공인 스노보드 선수
오스트리아 훈련팀 수료

후원. o'neill

Last but not least

출생. 1977
거주. 오스트리아 인스부르크

스노보드 경력. 1988년부터

스노보드 트레이너
특기. 하프파이프, 빅에어
1998·1999 sims europe
1999~2004 오스트리아 국가대표팀
2004부터 독일 국가대표팀
2002·2006 올림픽 출전

경력
1995 고등학교 졸업
빈 대학에서 스포츠학-스포츠경영학 전공
국가공인 스노보드 트레이너
오스트리아 훈련팀 수료

후원. atomic, helly hansen, suunto

알렉산더 로트만

Alexander Rottmann

06 이 책을 마치며
David Selbach
다비드 젤바흐

사진작가

출생. 1974
거주. 독일, 뮌헨

활동

2002년 이후 독일 물리치료사로 활동
스노보드 국가 대표
2000년 이후 프리랜서로 활동

경력

1993 고등학교 졸업
1998년 부터 스포츠, 인물, 라이프스타일을
         주제로 한 사진작가로 활동 (canon)
응급 위생병·물리치료사 인턴 (뮌헨)
맨손 요법, DOSB 스포츠 물리학, 두개골 천골 요법
2006 토리노 동계 올림픽에서
       독일 국가 대표팀 물리치료사로 활동
뮌헨 마라톤 및 철인 3종 경기에서
물리치료사로 활동

후원. four square, formula, flexibar

Last but not least
Team

장소. 제그우베, 오스트리아
photograph. 다비드 젬바호

06 이 책을 마치며
Rider

라이더. 사버 호프만
출생. 1974
장소. 가르미쉬, 독일
후원. hoffmann boards, ratiopharm, trojan gloves, oakley, garmisch-partenkirschen planet sports und vans

Last but not least

라이더. 얀 미카엘리스
출생. 1978
장소. 가르미쉬, 독일
후원. ratiopharm, head, oakley

06 이 책을 마치며

Rider

라이더. 크리스토페 슈이프
출생. 1983
장소. 슌리에르시, 독일
후원. ratiopharm, saloman, billabong, oakley, level, nixon

Last but not least

라이더. 안드레 쿨안
출생. 1981
장소. 위르나우, 독일
후원. fz, oneill, ratiopharm, smith, villa wood hat's, northwave, bakoda, millhaus

06 이 책을 마치며

Rider

라이더. 빈첸츠 뤼프스
출생. 1981
장소. 유링, 독일
후원. vans, nixon

Last but not least

라이더. 안레산드로 안시니
출생. 1983
장소. 베르히테스가젠, 독일
후원. saloman, alprausch, arnette, trohjka, schischule st. mortz, engadimer bergbahnen

06 이 책을 마치며

Rider

라이더. 토비 슈트라우스
출생. 1988
장소. 베르히테스가덴, 독일
후원. burton, r.e.d, ratiopharm, oakley, volcam streetwear, gravis

Last but not least

라이더. 필립 슈트라우스
출생. 1988
장소. 베르히테스가덴, 독일
후원. burton, r.e.d, ratiopharm, oakley, volcam streetwear, gravis

06 이 책을 마치며
Training 트릭은 이렇게 연습하세요

Last but not least

스노우보드
프리스타일 트릭 매뉴얼

1판 1쇄 | 2011년 12월 1일
지 은 이 | 니시 페더촐리 · 알렉산더 로트만
옮 긴 이 | 임영은
발 행 인 | 김인태
발 행 처 | 삼호미디어
등   록 | 1993년 10월 12일 제21-494호
주   소 | 서울특별시 서초구 반포1동 718-8 ⓤ137-809
           www.samhomedia.com
전   화 | (02)544-9456(영업부) / (02)544-9457(편집기획부)
팩   스 | (02)512-3593

ISBN 978-89-7849-452-6 (13690)

Copyright 2011 by SAMHO MEDIA PUBLISHING CO.

이 도서의 국립중앙도서관 출판시도서목록(CIP)은
e-CIP 홈페이지(http://www.nl.go.kr/cip.php)에서 이용하실 수 있습니다.
CIP제어번호 : CIP2011004777

출판사의 허락 없이 무단 복제와 무단 전재를 금합니다.
잘못된 책은 구입처에서 교환해 드립니다.

A-프레임
A-Frame

비기너 박스
Beginner box

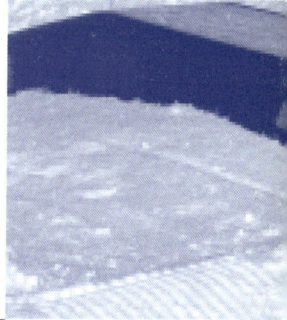
비기너 킨크드 박스
Beginner kinked box

박스
Box

비기너 스트레이트 박스
Beginner straihgt box

박스와 키커
Box and kicker

커브드 박스
Curved box

더블 커브드 박스
Double curved box

펀파크
Funpark

갭
Gap

하프파이프
Halfpipe

키커
Kicker

킨크드 박스
Kinked box

주요 용어

ㄱ

갭 gap : 점프대와 언덕 사이의 간격
구피 goofy : 오른발이 앞에 있는 자세
그랩 grab : 점프 중에 보드 가장자리 잡기

ㄴ

널리 nollie : 스노보드의 노즈를 이용하여 바닥에서 뛰어오르기
노즈 nose : 스노보드의 앞부분
노즈드라이브 nosedrive : 스노보드 노즈로 착지하는 점프
노즈롤 noseroll : 스노보드 노즈를 이용하여 180° 회전

ㄷ

덕 스탠스 duckstance : 양발이 밖으로 향하게 하는 바인딩 모양
드롭인 drop in : 하프파이프로 들어가는 것

ㄹ

라이딩 riding : 스노보드를 타고 내려오는 것
런 run : 파크나 하프파이프를 통과함
레귤러 regular : 왼발이 앞에 있는 바인딩 포지션
레이트 late : 동작을 느리게 하는 트릭
레일 rail : 철이 있는 지형
로테이션 rotation : 회전
롤러 roller : 스노보드 크로스 같은 인공 언덕
립 lip : 하프파이프의 꼭대기
립트릭 liptrick : 립에서의 트릭

ㅂ

뱅크 bank : 경사진 커브
베이스 base : 판, 스노보드의 바닥
본 bone : 트릭을 구사하면서 앞 또는 뒤의 다리를 뻗는 동작
블라인드 blind : 등을 보이고 있는 쪽

ㅅ

스킬 skill : 완벽함, 기량
스틱 stick : 깔끔한 착지
스핀 spin : 회전
슬라이드 slide : 레일을 미끄러져 비스듬히 내려오는 것
슬로프 slope : 스키나 스노보드를 타는 경사진 장소
슬로프스타일 slopestyle : 모든 프리스타일 장애물을 지나는 대회 형식
시프티 shifty : 스핀 시 허리를 돌려 잠깐 동안 역방향으로 도는 테크닉

ㅇ

알리 ollie : 끝부분에서 장애물로 또는 장애물을 뛰어 넘어 점프하는 것
알리웁 alleyoop : 하프파이프에서 스핀점프
에어 air : 모든 점프를 나타내는 상위 개념
월 wall : 곡면과 수직 부분, 하프파이프의 벽
인버티드 inverted : 돌아간, 약간 경사진

ㅈ

저지 judge : 스노보드 경기에서 점수 산출
점프 jump : 점프, 에어
지브 jib : 놀이로 즐기는 스노보드 트릭

ㅋ

키커 kicker : 점프대
킨크 kink : 꺾인, 꺾인 곳

ㅌ

턴 turn : 커브
테레인 terrain : 지형
테이블 table : 점프대
테이크오프 take off : 점프
테일 tail : 스노보드의 뒷부분
테일롤 tailroll : 테일을 지나 180° 회전
트렌지션 transition : 하프파이프에서 벽에서 바닥으로 이어지는 곡면
트윅 tweak : 허리를 쭉 펴기

ㅍ

파이프 드레곤 pipe dragon : 하프파이프를 만들기 위한 기계
파크체크 parkcheck : 점프와 레일 등의 파크 확인
펀파크 funpark : 프리스타일을 위한 장애물이 있는 슬로프 영역
페이키 fakie : 반대 방향으로 라이딩
플랙스 flex : 스노보드의 탄성
플랜 plan : 표면
플랫 flat : 하프파이프 중앙의 평편한 부분
플랫폼 platform : 하프파이프 상단의 납작한 끝 부분
플립 flip : 몸을 회전시키는 동작

ㅎ

하프파이프 halfpipe : 눈으로 만든 반쪽 파이프
핸드플랜트 handplant : 물구나무서기
히트 hit : 하프파이프의 각 점프대

BS backside : 발꿈치 끝
FIS International Ski Federation : 국제 스키 연맹
FS frontside : 발가락 끝
ISF International Snowboard Federation : 국제 스노보드 연맹
SW switch : 스탠스 바꾸기

킨크 레일
Kinked rail

미니 점프
Mini jumps

레일
Rails

쿼터 사이드
Quarter side

레일라인
Railline

레일과 갭
Rail and gap

레일
Rail

레일파크
Railpark

스트레이트 레일
Straight rail

레인보우 박스
Rainbow box

롤러
Rollers

스트레이트 박스
Straight box